4択クイズで語彙力4倍アップ

# ODD ONE OUT

## 英検®2級

英単語 1600

Jリサーチ出版

# はじめに

お手に取っていただき、ありがとうございます。

本書は、**英検2級合格**を目指す方の語彙を増強するためのものです。単語の暗記は、なかなか簡単には進まないものです。そこで、「4つのうち仲間はずれの単語を探す」というゲームにしてみました。

具体的には、例えば、

ア）**participate**　イ）**paste**　ウ）**join**　エ）**take part**

の中から、ほかと意味やテーマ、品詞の違う単語や熟語を見つけます。

この形式により、**自ら考えることが増え、記憶に残りやすく**なります。また、**同義語、反意語、スペルの似ている単語、発音の似ている単語を、まとめて**覚えられます。

英検2級は、「高校卒業程度のレベルで、社会生活に必要な英語を理解し、使用できることが求められる」とされています。つまり、2級レベルの英語を押さえていれば、お仕事でも勉強でも、ある程度のことはできるようになるのです。よく「英語ができるようになりたい」と相談されることがあるのですが、皆さんがイメージしておられる「英語ができる」状態とは、まさにこの英検2級レベルを指している、と言えます。

高校のリーディングの教科書や、大学入試の長文、特に評論文を読んでみると、同義語や反意語を覚えることの重要性がわかると思います。アカデミックな文章では、同じ単語の繰り返しを避け、似たような単語で言い換える傾向があります。また、一般論や従来の考えを紹介する段落の次に、新しい発見や見解を示す段落がくる、という構成をとる場合、その二つの段落で示されるキーワードは逆の内容になっています。あるいはまた、TOEIC や共通テストにおいて、選択肢で使われる単語は、本文中の単語を別の言い方に変えたものが多く、それが正解を導くヒントになる、ということは、皆さんもよくご存じでしょう。このように、文章の論理展開、情報の大意を素早く的確につかむには、同意語や反意語をしっかり覚えておくことが大切なのです。

日常的に英語を使う場面、受験や語学試験のための学習、いずれにおいても、ストレスなく最後まで読む、焦らず聴き取る、スムーズに発言する、という状態を目指すには、単語の増強が欠かせません。文法や構文、例文を1つ覚えておけば、後はそこに当てはめる単語を変えるだけで、英語が使えるようになるからです。本書で楽しくボキャブラリーを増やして、「英語ができるようになる」という夢をかなえていただきたいと願っております。

なお本書は、『英検®1級英単語1400　ODD ONE OUT』および『英検®準1級英単語2000　ODD ONE OUT』の姉妹書です。本書で学ばれた後は、ぜひそちらに進んでいただき、より広く深く、英単語の世界を楽しんでいただければと思います。

青柳璃乃

# 本書の使い方

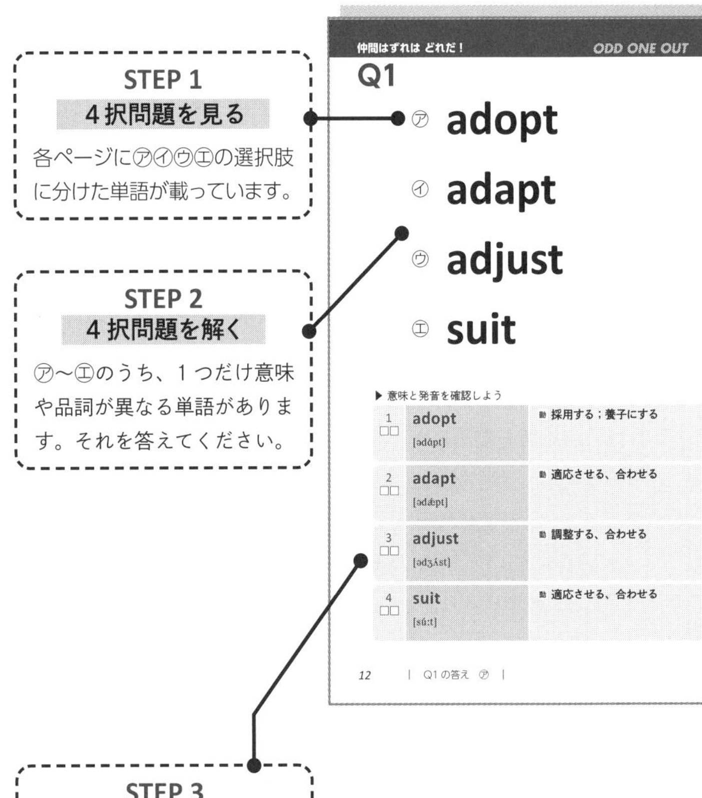


**STEP 1**

**4択問題を見る**

各ページに㋐㋑㋒㋓の選択肢に分けた単語が載っています。

**STEP 2**

**4択問題を解く**

㋐～㋓のうち、1つだけ意味や品詞が異なる単語があります。それを答えてください。

**STEP 3**

**意味・発音チェック**

4つの単語の意味を確認しましょう。ネイティブスピーカーによる音声無料ダウンロードサービス付。

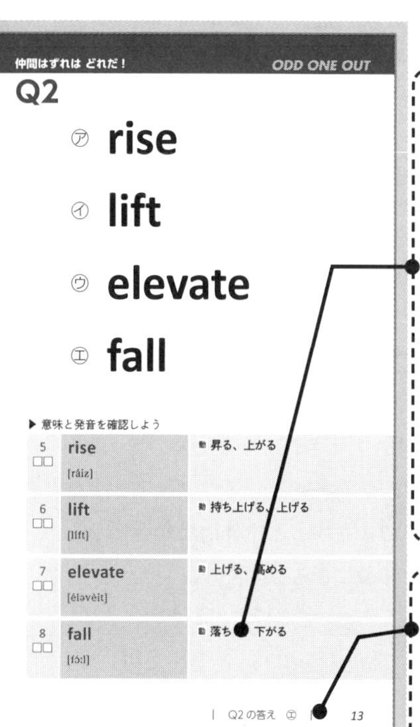


**STEP 5**

**略式記号**

本書で使う略式記号をまとめておきます。

動 動詞　名 名詞
形 形容詞　副 副詞
＝ 類義語
≒ 似ている意味
注 注意事項　⇔ 反意語

**関連語**

関連語もチェックしておくと、本番で有利になります。

**STEP 4**

**答え**

上の４択の答えは、下のスペースにあります。

■音声ダウンロードのやり方

1　商品ページにアクセス！ 方法は次の３通り！
- QR コードを読み取ってアクセス。
- https://www.jresearch.co.jp/book/b593114.html を入力してアクセス。
- J リサーチ出版のホームページ（https://www.jresearch.co.jp/）にアクセスして、「キーワード」に書籍名を入れて検索。

2　ページ内にある「音声ダウンロード」ボタンをクリック！

3　ユーザー名「1001」、パスワード「25373」を入力！

4　音声の利用方法は２通り！ 学習スタイルに合わせた方法でお聴きください！
- 「音声ファイル一括ダウンロード」より、ファイルをダウンロードして聴く。
- ▶ボタンを押して、その場で再生して聴く。

音声ダウンロードについてのお問合せ先：
toiawase@jresearch.co.jp（受付時間：平日９時～ 18 時）

# 本書の効果的な使い方

## おぼえて、考えて、使える

### 確実に力のつく復習になる

英検２級やそれ以上のレベルの単語をすっきり整理でき、しかも細かいスペルもきっちり覚えられるのが本書の特長です。あいまいな記憶や、ケアレスミスを極限まで解消できます。ターゲットの単語は大きめにして、視覚的にも記憶に残りやすくしてあります。

また、普通の単語集と違い、リスト化されていませんので、淡々とした暗記で受け身になることがありません。インプットとアウトプットが同時にでき、これまでよりずっと主体的な学習になります。ただの暗記作業をこえた体験になるはずです。

他の単語集は覚えづらかった人、途中で挫折してしまった人も、本書なら楽しく完走できます。最後の Q400 に到達した頃には、２級レベルの語彙問題が前より易しく感じるようになっています。

全問終わってから、他の問題集の語彙や読解問題、ニュース番組や新聞記事などに接するとき、本書で覚えた単語がすぐに役に立つことがわかるでしょう。単語は読解やリスニング、スピーキングなどあらゆるものの基礎を作ります。本書で単語力をがっちり固めていきましょう。

**本書を使えば、より合格に近づく効果的な復習ができる**

これまで使ってきた単語集 ＋ ４択で復習 ＝ 合格！

本書

## 短時間で一気にやってしまうのが効果的

スキマ時間を見つけたら、コツコツ積み上げていきましょう。私も、家事の合間に単語集をさっと１ページだけ読んだりしていましたが、その積み重ねで確実に１冊が終わります。

本書はクイズ形式なので、**知的興奮を味わっているうちに**、いつのまにか終わっているはずです。1 日 10 問 20 分、40 日間で完成。英検２級に必要な単語を、（解説欄の関連語を含めると）約 1600 も注意深く覚えたことになります。

おすすめは、１カ月など**短期間で一気に**やってしまう方法です。本書では、既出の単語が、しばらく後で再び出題されたりするので、自然と繰り返し学ぶことができます。その流れを切らさないためにも、まずは一度最後まで駆け抜けるのがよいでしょう。

こうすることで、正解の選択肢の記号を覚えてしまったことによって、真に理解はしていないのに正解してしまう、という事態も避けられます。「昨日やったとき、ここの答えは㋐だったな」と、記憶力のよさを変に発揮してしまわないためにも、まずはどんどん先にテンポよくクイズを進めていくとよいと思います。

## 忙しい人は音声ファイルも活用できる

本書のすべての４択問題は**ネイティブスピーカーの声でも**

**収録**してあります。無料でダウンロードの方法は、p. 5を参照して下さい。音声があることで、学習環境は格段に広がります。電車の中やお風呂の中など、本を開くのがむずかしいとき、これが役立ちます。

また、ネイティブスピーカーによる正確な発音で頭に入るため、自然に**リスニングの力にも**なります。特に、アクセントは重要ですので、そこはよく注意して聴きましょう。

スピーチ形式の試験や、実際の会話や文章においては、同じ単語を繰り返すのは避け、言い換えを重ねた方がよいとされています。ぜひ、いくつもの類義語がとっさにどんどん口から出てくるようにするため、シャドーイングに挑戦してください。

書いて覚えるタイプの人だったら、この音源で、高いレベルの語彙のディクテーションに取り組むことができます。

##  まぎらわしい単語の整理に最適

英単語を増やすにあたり、私自身は、英語は英語で勉強するほうが楽、という個人的な好みで、洋書ボキャビル本を使っていましたが、どれも一長一短、SAT対策のものだけでも何冊か買うことになりました。本書があれば、**もう何冊も本棚にボキャビル本を並べる必要はなくなります。**

これまでに何冊か違う単語帳にチャレンジしてきた方も多いと思います。しかし、そのぶん情報をまとめきれないことも多くなります。語学検定試験や入試の過去問を解いていて、「この単語と似てる単語、あったような気がするな」と、記憶がごちゃごちゃになってしまう経験はありませんか？　本書ではそういった間違

えやすい単語の整理ができるようになっています。また、1つの動詞を別の句動詞や熟語で言い換える練習もできます。意味や発音、スペルが似ていて取り違えやすい単語、まだ記憶が定着していない同義語や対義語を、ここでしっかり区別できるようにしておきましょう。

##  合格までの道のりを縮める効率

1つ1つ覚えるのではなく、**4語まとめて比較**し、**効果的に覚えられる**のが本書の特長です。類義語、対義語、スペルの似ている語などをセットで掲載していきます。

語学試験や留学準備で語彙増強する方は、ある時点にくると、「これはいったん自分なりの単語帳を作らなければ…」と考えると思います。が、そのリストを作る時間も惜しいでしょう。そこで本書に目を通していただければ、「今まさに自分でまとめようとしていたものが、ここにまとまっている！」と実感していただけるはずです。

洋書ボキャビル本には、いっぺんに8つ選択肢があったりするのですが、それだと、記号を追うだけでエネルギーを使ってしまうのです。単語の意味をまずは覚える、という本来のねらいのためには、**4択が最適**です。

単語の暗記は全てのもとですが、それのみが語学の勉強ではありませんし、そればかりに時間をかけてもいられないと思います。本書が皆さんの目標達成までの道のりを縮めることは間違いありません。

# 目 次

# Exercise 1

## Q1 ～ Q100

1問につき 1 点換算でスコアを付け、
全問正解を目指しましょう。

| 1周目スコア | 2周目スコア | 3周目スコア |
|---|---|---|
| / 100 | / 100 | / 100 |

# Q1

㋐ adopt

㋑ adapt

㋒ adjust

㋓ suit

▶ 意味と発音を確認しよう

| | | |
|---|---|---|
| 1 □□ | **adopt** [ədάpt] | 動 採用する；養子にする |
| 2 □□ | **adapt** [ədǽpt] | 動 適応させる、合わせる |
| 3 □□ | **adjust** [ədʒʌ́st] | 動 調整する、合わせる |
| 4 □□ | **suit** [sú:t] | 動 適応させる、合わせる |



Q1の答え ㋐

# Q2

㋐ **rise**

㋑ **lift**

㋒ **elevate**

㋓ **fall**

▶ 意味と発音を確認しよう

|  |  |  |
|---|---|---|
| 5 □□ | **rise** [ráiz] | 動 昇る、上がる |
| 6 □□ | **lift** [líft] | 動 持ち上げる、上げる |
| 7 □□ | **elevate** [éləvèit] | 動 上げる、高める |
| 8 □□ | **fall** [fɔ́:l] | 動 落ちる、下がる |

Q2の答え ㋓

# Q3

㋐ raise

㋑ lower

㋒ drop

㋓ lessen

▶ 意味と発音を確認しよう

| | | |
|---|---|---|
| 9 □□ | **raise** [réiz] | 動 上げる、高める |
| 10 □□ | **lower** [lóuər] | 動 低くする、下げる |
| 11 □□ | **drop** [dráp] | 動 落ちる、下がる；落とす |
| 12 □□ | **lessen** [lésn] | 動 少なくする、減らす<br>注 lesson「授業；教訓」 |



Q3の答え ㋐

# Q4

㋐ **lie**

㋑ **lay**

㋒ **be**

㋓ **exist**

▶ 意味と発音を確認しよう

|  |  |  |
|---|---|---|
| 13 □□ | **lie** [lái] | 動 横たわる、存在する<br>注 lie「うそ」「うそをつく」と同じスペルです。 |
| 14 □□ | **lay** [léi] | 動 置く、横たえる；卵を産む<br>注 lie「横たわる」の過去形と同じスペルなので注意。 |
| 15 □□ | **be** [bi, bíː] | 動 ～である；存在する |
| 16 □□ | **exist** [igzíst] | 動 存在する<br>注 exit「出口」 |

Q4の答え ㋑

# Q5

㋐ **place**

㋑ **lay**

㋒ **remove**

㋓ **put**

▶ 意味と発音を確認しよう

|  |  |  |
|---|---|---|
| 17 □□ | **place** [pléis] | 動 置く |
| 18 □□ | **lay** [léi] | 動 置く、横たえる；卵を産む<br>注 過去形は laid |
| 19 □□ | **remove** [rimú:v] | 動 取り除く |
| 20 □□ | **put** [pút] | 動 置く |



| Q5の答え ㋒ |

# Q6

㋐ **layer**

㋑ **lawyer**

㋒ **judge**

㋓ **court**

▶ 意味と発音を確認しよう

| | | |
|---|---|---|
| 21 □□ | **layer** [léiə*r*] | 名 層 |
| 22 □□ | **lawyer** [lɔ́:jə*r*] | 名 弁護士 |
| 23 □□ | **judge** [dʒʌ́dʒ] | 名 裁判官、判事 |
| 24 □□ | **court** [kɔ́:*r*t] | 名 法廷、裁判所；宮廷 |

| Q6の答え ㋐ |

㋐ **ray**

㋑ **survey**

㋒ **research**

㋓ **investigation**

▶ 意味と発音を確認しよう

| | | |
|---|---|---|
| 25 □□ | **ray** [réi] | 名 光、光線 |
| 26 □□ | **survey** [sə́ːrvei] | 名 調査 |
| 27 □□ | **research** [risə́ːrtʃ] | 名 研究、調査；捜査 |
| 28 □□ | **investigation** [invèstəgéiʃən] | 名 調査、取り調べ |

# Q8

㋐ low

㋑ law

㋒ inferior

㋓ short

▶ 意味と発音を確認しよう

| | | |
|---|---|---|
| 29 □□ | **low** [lóu] | 形 (背丈、音、位置、階級が) 低い |
| 30 □□ | **law** [lɔ́ː] | 名 法律 |
| 31 □□ | **inferior** [infíəriər] | 形 (地位、位置、質が) 低い、〜より下の ⇔ superior「優れた」 |
| 32 □□ | **short** [ʃɔ́ːrt] | 形 短い；(背丈が) 低い |

Q8 の答え ㋑

# Q9

㋐ **fresh**

㋑ **raw**

㋒ **new**

㋓ **flesh**

▶ 意味と発音を確認しよう

| | | |
|---|---|---|
| 33 □□ | **fresh** [fréʃ] | 形 新しい、新鮮な |
| 34 □□ | **raw** [rɔ́ː] | 形 生（なま）の、未加工の |
| 35 □□ | **new** [njúː] | 形 新しい、できたての |
| 36 □□ | **flesh** [fléʃ] | 名 肉、身 |



Q9の答え ㋓

# Q10

㋐ **blow**

㋑ **row**

㋒ **lane**

㋓ **line**

▶ 意味と発音を確認しよう

| | | |
|---|---|---|
| 37 □□ | **blow** [blóu] | 名 強打、打撃 |
| 38 □□ | **row** [róu] | 名 列、並び；通り、～街<br>注「船をこぐ」という意味の動詞と同じスペル。 |
| 39 □□ | **lane** [léin] | 名 横丁；水路、車線 |
| 40 □□ | **line** [láin] | 名 線；列、並び |

Q10の答え ㋐

# Q11

㋐ **resource**

㋑ **measure**

㋒ **meaning**

㋓ **means**

▶ 意味と発音を確認しよう

|  |  |  |
|---|---|---|
| 41 □□ | **resource** [ríːsɔːrs, risɔ́ːrs] | 名 資源；（万一の時の）手段 |
| 42 □□ | **measure** [méʒər] | 名 測定；尺度；処置、手段 |
| 43 □□ | **meaning** [míːniŋ] | 名 意味 |
| 44 □□ | **means** [míːnz] | 名 方法、手段<br>注 by no means「決して～ない」 |

# Q12

㋐ **theory**

㋑ **principle**

㋒ **principal**

㋓ **rule**

▶ 意味と発音を確認しよう

|  |  |  |
|---|---|---|
| 45 □□ | **theory** [θí:əri] | 名 理論、原理 |
| 46 □□ | **principle** [prínsəpl] | 名 原理、原則；主義 |
| 47 □□ | **principal** [prínsəpəl] | 名 校長；主役 |
| 48 □□ | **rule** [rú:l] | 名 規則；原則；支配 |

Q12の答え ㋒

# Q13

㋐ modern

㋑ antique

㋒ recent

㋓ latest

▶ 意味と発音を確認しよう

| | | |
|---|---|---|
| 49 □□ | **modern** [mádərn] | 形 現代の、現代風の |
| 50 □□ | **antique** [æntí:k] | 形 骨董の；古風な |
| 51 □□ | **recent** [rí:snt] | 形 最近の、近代の |
| 52 □□ | **latest** [léitist] | 形 最新の、最近の |



Q13の答え ㋑

# Q14

㋐ late

㋑ behind

㋒ slow

㋓ swift

▶ 意味と発音を確認しよう

| | | |
|---|---|---|
| 53 □□ | **late** [léit] | 形 遅い、遅れた；故～ |
| 54 □□ | **behind** [biháind] | 副 後ろに；(時間に) 遅れて |
| 55 □□ | **slow** [slóu] | 形 遅い、ゆっくりした |
| 56 □□ | **swift** [swíft] | 形 速い |

# Q15

㋐ **former**

㋑ **terminal**

㋒ **eventual**

㋓ **last**

▶ 意味と発音を確認しよう

|  |  |  |
|---|---|---|
| 57 □□ | **former** [fɔ́ːrmər] | 形 前の、先の；前者の ⇔ latter「後半の」 |
| 58 □□ | **terminal** [tə́ːrmənl] | 形 終点の；終末の |
| 59 □□ | **eventual** [ivéntʃuəl] | 形 結果として起こりうる；最後の |
| 60 □□ | **last** [lǽst] | 形 最後の = final |

# Q16

㋐ recently

㋑ lately

㋒ later

㋓ these days

▶ 意味と発音を確認しよう

| | | |
|---|---|---|
| 61 □□ | **recently** [rí:sntli] | 副 近頃 |
| 62 □□ | **lately** [léitli] | 副 最近、近頃 |
| 63 □□ | **later** [léitər] | 副 後で、後ほど<br>注 See you later.「またね」 |
| 64 □□ | **these days** [ðí:z déiz] | 副 最近、近頃 |

# Q17

㋐ **frequent**

㋑ **fluent**

㋒ **constant**

㋓ **regular**

▶ 意味と発音を確認しよう

|  |  |  |
|---|---|---|
| 65 □□ | **frequent** [fríːkwənt] | 形 頻繁にある；いつもの |
| 66 □□ | **fluent** [flúːənt] | 形 流ちょうな |
| 67 □□ | **constant** [kánstənt] | 形 絶えず続く、不変の |
| 68 □□ | **regular** [régjulər] | 形 いつもの；不変の；規則正しい；定期的な |



| Q17の答え ㋑ |

# Q18

㋐ contract

㋑ contact

㋒ agreement

㋓ deal

▶ 意味と発音を確認しよう

|  |  |  |
|---|---|---|
| 69 □□ | **contract** [kάntrækt] | 名 契約 |
| 70 □□ | **contact** [kάntækt] | 名 接触 |
| 71 □□ | **agreement** [əgríːmənt] | 名 協定、契約 |
| 72 □□ | **deal** [díːl] | 名 取引、協定、契約 |

Q18の答え ㋑

# Q19

㋐ **connect**

㋑ **link**

㋒ **combine**

㋓ **detect**

▶ 意味と発音を確認しよう

| | | |
|---|---|---|
| 73 □□ | **connect** [kənékt] | 動 つなぐ、結合する；つながる |
| 74 □□ | **link** [líŋk] | 動 つなぐ、連結する；つながる |
| 75 □□ | **combine** [kəmbáin] | 動 結合させる；結合する |
| 76 □□ | **detect** [ditékt] | 動 見つける、見抜く、検出する |



| Q19の答え ㋓ |

# Q20

㋐ spin

㋑ rotate

㋒ revolve

㋓ resolve

▶ 意味と発音を確認しよう

|  |  |  |
|---|---|---|
| 77 □□ | **spin** [spín] | 動 回転させる；回転する |
| 78 □□ | **rotate** [róuteit] | 動 回転する；回転させる |
| 79 □□ | **revolve** [riválv] | 動 回転させる；回転する |
| 80 □□ | **resolve** [rizálv] | 動 決心する；解決する |

| Q20 の答え ㋓ |

# Q21

㋐ solve

㋑ evolve

㋒ resolve

㋓ settle

▶ 意味と発音を確認しよう

|  |  |  |
| --- | --- | --- |
| 81 □□ | **solve** [sálv] | 動 解く、解決する |
| 82 □□ | **evolve** [iválv] | 動 発展させる、進化させる；発展する、進化する |
| 83 □□ | **resolve** [rizálv] | 動 決心する；解決する |
| 84 □□ | **settle** [sétl] | 動 安定させる、定住させる、解決する；定住する、落ち着く |



Q21の答え ㋑

# Q22

㋐ **involve**

㋑ **include**

㋒ **improve**

㋓ **contain**

▶ 意味と発音を確認しよう

|  |  |  |
|---|---|---|
| 85 □□ | **involve** [invάlv] | 動 (必然的に)～を含む；巻き込む |
| 86 □□ | **include** [inklú:d] | 動 含む |
| 87 □□ | **improve** [imprú:v] | 動 改善する、よくなる |
| 88 □□ | **contain** [kəntéin] | 動 含む；抑える |

# Q23

㋐ **fill**

㋑ **charge**

㋒ **pat**

㋓ **pack**

▶ 意味と発音を確認しよう

| | | |
|---|---|---|
| 89 □□ | **fill** [fíl] | 動 満たす；埋める |
| 90 □□ | **charge** [tʃɑ́ːrdʒ] | 動 課す；詰める、満たす |
| 91 □□ | **pat** [pǽt] | 動 軽くたたく |
| 92 □□ | **pack** [pǽk] | 動 包む、詰める、荷造りする |



Q23 の答え ㋒

# Q24

㋐ **fill**

㋑ **load**

㋒ **jam**

㋓ **jail**

▶ 意味と発音を確認しよう

| | | |
|---|---|---|
| 93 □□ | **fill** [fíl] | 動 満たす；埋める |
| 94 □□ | **load** [lóud] | 動 詰め込む；課す；ダウンロードする |
| 95 □□ | **jam** [dʒǽm] | 動 詰め込む、場所をふさぐ |
| 96 □□ | **jail** [dʒéil] | 動 投獄する<br>注 名詞で「刑務所」。 |

Q24 の答え ㋓

# Q25

㋐ fulfill

㋑ landfill

㋒ carry out

㋓ perform

▶ 意味と発音を確認しよう

|  |  |  |
|---|---|---|
| 97 □□ | **fulfill** [fulfíl] | 動 果たす、実行する |
| 98 □□ | **landfill** [lǽndfìl] | 名 埋立地、ごみ処理場 |
| 99 □□ | **carry out** [kǽri áut] | 動 実行する、遂行する<br>注 carry on「続ける」 |
| 100 □□ | **perform** [pərfɔ́ːrm] | 動 果たす、実行する；演奏する、演じる |

# Q26

㋐ **wrap**

㋑ **wage**

㋒ **salary**

㋓ **pay**

▶ 意味と発音を確認しよう

| | | |
|---|---|---|
| 101 □□ | **wrap** [rǽp] | 動 包む、くるむ、巻く |
| 102 □□ | **wage** [wéidʒ] | 名 賃金、給料 |
| 103 □□ | **salary** [sǽləri] | 名 給与、給料 |
| 104 □□ | **pay** [péi] | 名 支払い；給料、賃金、報酬 |

# Q27

㋐ scenario

㋑ screenplay

㋒ script

㋓ scenery

▶ 意味と発音を確認しよう

| | | |
|---|---|---|
| 105 □□ | **scenario** [sinǽriòu] | 名 脚本、台本、シナリオ |
| 106 □□ | **screenplay** [skríːnplèi] | 名 映画脚本、シナリオ |
| 107 □□ | **script** [skrípt] | 名 原稿、台本、筋書き |
| 108 □□ | **scenery** [síːnəri] | 名 風景、景色<br>= landscape「風景、景色」 |

# Q28

㋐ scene

㋑ scent

㋒ fragrance

㋓ smell

▶ 意味と発音を確認しよう

| | | |
|---|---|---|
| 109 □□ | **scene** [síːn] | 名 （劇などの）場面；（事件などの）現場 |
| 110 □□ | **scent** [sént] | 名 におい、香り |
| 111 □□ | **fragrance** [fréigrəns] | 名 よい香り、香水 |
| 112 □□ | **smell** [smél] | 名 におい |

# Q29

㋐ aroma

㋑ scent

㋒ insect

㋓ perfume

▶ 意味と発音を確認しよう

|  |  |  |
|---|---|---|
| 113 □□ | **aroma** [əróumə] | 名 香り |
| 114 □□ | **scent** [sént] | 名 におい、香り |
| 115 □□ | **insect** [ínsekt] | 名 昆虫 |
| 116 □□ | **perfume** [pə́ːrfjuːm] | 名 香水、香り |



Q29 の答え ㋒

# Q30

㋐ **assert**

㋑ **maintain**

㋒ **protect**

㋓ **protest**

▶ 意味と発音を確認しよう

|  |  |  |
|---|---|---|
| 117 □□ | **assert** [əsə́ːrt] | 動 断言する、主張する |
| 118 □□ | **maintain** [meintéin] | 動 維持する；主張する |
| 119 □□ | **protect** [prətékt] | 動 保護する、防ぐ |
| 120 □□ | **protest** [prətést] | 動 異議を申し立てる；主張する |

| Q30の答え ㋒ |

# Q31

㋐ **insert**

㋑ **insect**

㋒ **bug**

㋓ **worm**

▶ 意味と発音を確認しよう

|  |  |  |
|---|---|---|
| 121 □□ | **insert** [insə́ːrt] | 動 差し込む、挿入する |
| 122 □□ | **insect** [ínsekt] | 名 昆虫 |
| 123 □□ | **bug** [bʌ́g] | 名 虫；バグ（コンピュータプログラムの誤り） |
| 124 □□ | **worm** [wə́ːrm] | 名 虫；ワーム（コンピュータシステム間で拡散するプログラム） |



Q31の答え ㋐

# Q32

㋐ **bug**

㋑ **hug**

㋒ **embrace**

㋓ **fold**

▶ 意味と発音を確認しよう

|  |  |  |
|---|---|---|
| 125 □□ | **bug** [bʌ́g] | 名 虫 |
| 126 □□ | **hug** [hʌ́g] | 動 抱きしめる |
| 127 □□ | **embrace** [imbréis] | 動 抱きしめる |
| 128 □□ | **fold** [fóuld] | 動 折り曲げる、折りたたむ；抱きかかえる、抱きしめる |

Q32の答え ㋐

# Q33

㋐ **embarrass**

㋑ **emphasize**

㋒ **stress**

㋓ **highlight**

▶ 意味と発音を確認しよう

| | | |
|---|---|---|
| 129<br>□□ | **embarrass**<br>[imbǽrəs] | 動 恥ずかしい思いをさせる、困惑させる |
| 130<br>□□ | **emphasize**<br>[émfəsàiz] | 動 強調する |
| 131<br>□□ | **stress**<br>[strés] | 動 強調する |
| 132<br>□□ | **highlight**<br>[háilàit] | 動 光を当てる；強調する<br>注 underline「下線を引く」「強調する」 |

# Q34

㋐ **senior**

㋑ **older**

㋒ **elder**

㋓ **seminar**

▶ 意味と発音を確認しよう

| | | |
|---|---|---|
| 133 □□ | **senior** [síːnjər] | 形 年上の、先輩の、上級の<br>⇔ junoir「年下の、後輩の、下級の」 |
| 134 □□ | **older** [óuldər] | 形 年上の<br>注 原級は old |
| 135 □□ | **elder** [éldər] | 形 年上の、年長の |
| 136 □□ | **seminar** [sémənɑ̀ːr] | 名 ゼミ、研究会 |

# Q35

㋐ **fragile**

㋑ **dedicate**

㋒ **delicate**

㋓ **weak**

▶ 意味と発音を確認しよう

|  |  |  |
|---|---|---|
| 137 □□ | **fragile** [frǽdʒəl] | 形 もろい、壊れやすい |
| 138 □□ | **dedicate** [dédikèit] | 動 ささげる |
| 139 □□ | **delicate** [délikət] | 形 繊細な、精密な、壊れやすい |
| 140 □□ | **weak** [wíːk] | 形 弱い、もろい |



Q35の答え ㋑

# Q36

㋐ **obey**

㋑ **observe**

㋒ **imply**

㋓ **comply**

▶ 意味と発音を確認しよう

|  |  |  |
|---|---|---|
| 141 □□ | **obey** [oubéi] | 動 従う、（規則などを）守る |
| 142 □□ | **observe** [əbzə́ːrv] | 動 観察する；（法などを）守る |
| 143 □□ | **imply** [implái] | 動 ほのめかす、暗に意味する |
| 144 □□ | **comply** [kəmplái] | 動 （規則などに）従う<br>注 compliance「コンプライアンス、法令順守」 |

# Q37

㋐ **imply**

㋑ **indicate**

㋒ **suggest**

㋓ **dedicate**

▶ 意味と発音を確認しよう

|  |  |  |
|---|---|---|
| 145 □□ | **imply** [implái] | 動 ほのめかす、暗に意味する |
| 146 □□ | **indicate** [índikèit] | 動 指し示す、暗に示す |
| 147 □□ | **suggest** [səgdʒést] | 動 提案する；示唆する<br>注 名詞で「検索ワード候補」の意味もあります。 |
| 148 □□ | **dedicate** [dédikèit] | 動 ささげる |

# Q38

㋐ insist

㋑ consist

㋒ declare

㋓ contend

▶ 意味と発音を確認しよう

| | | |
|---|---|---|
| 149 □□ | **insist** [insíst] | 動 主張する |
| 150 □□ | **consist** [kənsíst] | 動 ～から成る |
| 151 □□ | **declare** [dikléər] | 動 宣言する、断言する |
| 152 □□ | **contend** [kənténd] | 動 争う；強く主張する<br>= maintain「主張する」 |

Q38 の答え ㋑

# Q39

㋐ export

㋑ exaggerate

㋒ overdo

㋓ stretch

▶ 意味と発音を確認しよう

|  |  |  |
|---|---|---|
| 153 □□ | **export** [ikspɔ́ːrt] | 動 輸出する<br>⇔ import「輸入する」 |
| 154 □□ | **exaggerate** [igzǽdʒərèit] | 動 大げさに言う、誇張する<br>= overstate「大げさに言う、誇張する」 |
| 155 □□ | **overdo** [òuvərdúː] | 動 やりすぎる、誇張する |
| 156 □□ | **stretch** [strétʃ] | 動 引き伸ばす；拡大解釈する、誇張する |



Q39の答え ㋐

# Q40

㋐ **redo**

㋑ **outdo**

㋒ **revise**

㋓ **change**

▶ 意味と発音を確認しよう

|  |  |  |
|---|---|---|
| 157 □□ | **redo** [rì:dú:] | 動 やり直す<br>注 undo「取り消す、元に戻す」 |
| 158 □□ | **outdo** [àutdú:] | 動 ～よりまさる、～をしのぐ<br>= do better than ～ |
| 159 □□ | **revise** [riváiz] | 動 見直す、改める |
| 160 □□ | **change** [tʃéindʒ] | 動 変える、替える、改める；変わる |

Q40 の答え ㋑

# Q41

㋐ **overturn**

㋑ **turn over**

㋒ **overall**

㋓ **upset**

▶ 意味と発音を確認しよう

|  |  |  |
|---|---|---|
| 161 □□ | **overturn** [òuvərtə́ːrn] | 動 ひっくり返す、転覆させる<br>注 turnover「転覆、転倒、回転」 |
| 162 □□ | **turn over** [tə́ːrn óuvər] | 動 ひっくり返す、転覆させる |
| 163 □□ | **overall** [óuvərɔ̀ːl] | 形 全部の、全般的な |
| 164 □□ | **upset** [ʌpsét] | 動 ひっくり返す；動揺させる |



Q41の答え ㋒

# Q42

㋐ unless

㋑ unlucky

㋒ unfortunate

㋓ unhappy

▶ 意味と発音を確認しよう

|  |  |  |
|---|---|---|
| 165 □□ | **unless** [ənlés] | 接 ～でない限り、もし～でなければ |
| 166 □□ | **unlucky** [ʌnlʌ́ki] | 形 不運な、不幸な |
| 167 □□ | **unfortunate** [ʌ̀nfɔ́ːrtʃənət] | 形 不運な、不幸な |
| 168 □□ | **unhappy** [ʌ̀nhǽpi] | 形 不幸な；悲しい |

| Q42の答え ㋐ |

# Q43

㋐ **overlook**

㋑ **neglect**

㋒ **ignore**

㋓ **overlap**

▶ 意味と発音を確認しよう

| | | |
|---|---|---|
| 169 □□ | **overlook** [òuvərlúk] | 動 見下ろす；見落とす；大目に見る、見逃す |
| 170 □□ | **neglect** [niglékt] | 動 無視する、看過する；放置する、怠る |
| 171 □□ | **ignore** [ignɔ́ːr] | 動 無視する、知らない・見ないふりをする |
| 172 □□ | **overlap** [òuvərlǽp] | 動 部分的に重なり合う、一部共通する |



Q43の答え ㋓

# Q44

㋐ **overcome**

㋑ **defeat**

㋒ **wheat**

㋓ **conquer**

▶ 意味と発音を確認しよう

|  |  |  |
|---|---|---|
| 173 □□ | **overcome** [òuvərkʌ́m] | 動 打ち勝つ、克服する、征服する、負かす |
| 174 □□ | **defeat** [difí:t] | 動 負かす |
| 175 □□ | **wheat** [hwí:t] | 名 小麦 |
| 176 □□ | **conquer** [kɑ́ŋkər] | 動 征服する、打破する |

| Q44の答え ㋒ |

# Q45

㋐ **outcome**

㋑ **income**

㋒ **result**

㋓ **sequel**

▶ 意味と発音を確認しよう

| | | |
|---|---|---|
| 177 □□ | **outcome** [áutkʌ̀m] | 名 結果、成果 |
| 178 □□ | **income** [ínkʌm] | 名 収入<br>⇔ expenditure「支出」 |
| 179 □□ | **result** [rizʌ́lt] | 名 結果、成果 |
| 180 □□ | **sequel** [síːkwəl] | 名 続き；結果；続編、後日談 |



Q45 の答え ㋑

# Q46

㋐ **seek**

㋑ **search**

㋒ **purchase**

㋓ **chase**

▶ 意味と発音を確認しよう

| | | |
|---|---|---|
| 181 □□ | **seek** [síːk] | 動 捜す、求める、得ようとする |
| 182 □□ | **search** [sə́ːrtʃ] | 動 探索する、くまなく調べる |
| 183 □□ | **purchase** [pə́ːrtʃəs] | 動 購入する<br>注 名詞で「購入」「取得」。 |
| 184 □□ | **chase** [tʃéis] | 動 追う、探し求める |

Q46 の答え ㋒

# Q47

㋐ quest

㋑ hunt

㋒ pursue

㋓ argue

▶ 意味と発音を確認しよう

| | | |
|---|---|---|
| 185 □□ | **quest** [kwést] | 動 捜す、追求する |
| 186 □□ | **hunt** [hʌ́nt] | 動 狩る、追う、捜す |
| 187 □□ | **pursue** [pərsúː] | 動 追跡する、狩る、追求する |
| 188 □□ | **argue** [ɑ́ːrgjuː] | 動 議論する、論争する |



Q47 の答え ㋓

# Q48

㋐ **subtle**

㋑ **subtitle**

㋒ **caption**

㋓ **legend**

▶ 意味と発音を確認しよう

|  |  |  |
|---|---|---|
| 189 □□ | **subtle** [sʌ́tl] | 形 かすかな |
| 190 □□ | **subtitle** [sʌ́btàitl] | 名 副題；(映画の) 字幕 |
| 191 □□ | **caption** [kǽpʃən] | 名 表題；(画像などの) 説明文；字幕 |
| 192 □□ | **legend** [lédʒənd] | 名 伝説；凡例；(画像などの) 説明文 |

# Q49

㋐ substitute

㋑ backup

㋒ backpack

㋓ replacement

▶ 意味と発音を確認しよう

| | | |
|---|---|---|
| 193 □□ | **substitute** [sʌ́bstətjù:t] | 名 補欠；代用 |
| 194 □□ | **backup** [bǽkʌ̀p] | 名 予備、代替品、（データなどの）バックアップ |
| 195 □□ | **backpack** [bǽkpæ̀k] | 名 リュックサック |
| 196 □□ | **replacement** [ripléismənt] | 名 交替、代用品、交代要員 |



Q49の答え ㋒

# Q50

㋐ **substance**

㋑ **instance**

㋒ **material**

㋓ **object**

▶ 意味と発音を確認しよう

| | | |
|---|---|---|
| 197 □□ | **substance** [sʌ́bstəns] | 名 物質、物；実質 |
| 198 □□ | **instance** [ínstəns] | 名 例 |
| 199 □□ | **material** [mətíəriəl] | 名 原料、材料；題材、資料；物質 |
| 200 □□ | **object** [ɑ́bdʒikt] | 名 物、物体；目標 |

Q50の答え ㋑

# Q51

㋐ subscribe

㋑ describe

㋒ draw

㋓ represent

▶ 意味と発音を確認しよう

| | | |
|---|---|---|
| 201 □□ | **subscribe** [səbskráib] | 動 申し込む、購読契約する |
| 202 □□ | **describe** [diskráib] | 動 記述する、説明する、描く |
| 203 □□ | **draw** [dró:] | 動 引く、引っ張る；描く、線を引く |
| 204 □□ | **represent** [rèprizént] | 動 表現する、描写する；象徴する；～を代表する |



Q51 の答え ㋐

# Q52

㋐ **express**

㋑ **state**

㋒ **utter**

㋓ **explore**

▶ 意味と発音を確認しよう

| | | |
|---|---|---|
| 205 □□ | **express** [iksprés] | 動 表す<br>注 形容詞で「急行の」「急ぎの」という意味もあります。 |
| 206 □□ | **state** [stéit] | 動 述べる<br>注 名詞で「状態」「国」という意味もあります。 |
| 207 □□ | **utter** [ʌ́tər] | 動 口に出す、述べる<br>注 形容詞で「全くの」という意味もあります。 |
| 208 □□ | **explore** [iksplɔ́:r] | 動 探検する、調査する |

# Q53

㋐ **extensive**

㋑ **expensive**

㋒ **costly**

㋓ **valuable**

▶ 意味と発音を確認しよう

| | | |
|---|---|---|
| 209 □□ | **extensive** [iksténsiv] | 形 広い、広範囲な |
| 210 □□ | **expensive** [ikspénsiv] | 形 高価な |
| 211 □□ | **costly** [kɔ́:stli] | 形 高価な、高くつく |
| 212 □□ | **valuable** [vǽljuəbl] | 形 高価な、貴重な<br>注 valuables「貴重品」 |

# Q54

㋐ **organization**

㋑ **association**

㋒ **nutrition**

㋓ **institution**

▶ 意味と発音を確認しよう

|  |  |  |
|---|---|---|
| 213 □□ | **organization** [ɔ̀ːrgənizéiʃən] | 名 組織、団体、協会 |
| 214 □□ | **association** [əsòusiéiʃən] | 名 組合、協会、連合；関連；連想 |
| 215 □□ | **nutrition** [njuːtríʃən] | 名 栄養；栄養学 |
| 216 □□ | **institution** [ìnstətjúːʃən] | 名 設立；慣行；組織、施設 |

# Q55

㋐ **mention**

㋑ **refer**

㋒ **name**

㋓ **constitution**

▶ 意味と発音を確認しよう

| | | |
|---|---|---|
| 217 □□ | **mention** [ménʃən] | 動 言及する |
| 218 □□ | **refer** [rifə́ːr] | 動 言及する；～と呼ぶ；照会する |
| 219 □□ | **name** [néim] | 動 挙げる、名指しで呼ぶ |
| 220 □□ | **constitution** [kɑ̀nstətjúːʃən] | 名 構成<br>注 the Constitution「憲法」 |



Q55 の答え ㋓

# Q56

㋐ **purpose**

㋑ **aim**

㋒ **intention**

㋓ **invention**

▶ 意味と発音を確認しよう

|  |  |  |
|---|---|---|
| 221 □□ | **purpose** [pə́ːrpəs] | 名 目的、意図 |
| 222 □□ | **aim** [éim] | 名 狙い；目的、意図<br>注 動詞で「狙いを定める」。 |
| 223 □□ | **intention** [inténʃən] | 名 意志、意図 |
| 224 □□ | **invention** [invénʃən] | 名 発明；つくりごと |

Q56の答え ㋓

# Q57

㋐ **transition**

㋑ **tradition**

㋒ **change**

㋓ **shift**

▶ 意味と発音を確認しよう

|  |  |  |
|---|---|---|
| 225 □□ | **transition** [trænzíʃən] | 名 移行、推移、変遷、変化 |
| 226 □□ | **tradition** [trədíʃən] | 名 伝統、慣例 |
| 227 □□ | **change** [tʃéindʒ] | 名 変化、変遷、変更；釣り銭 |
| 228 □□ | **shift** [ʃíft] | 名 変化、変遷、移動 |



Q57の答え ㋑

# Q58

㋐ **contribution**

㋑ **transformation**

㋒ **donation**

㋓ **charity**

▶ 意味と発音を確認しよう

| | | |
|---|---|---|
| 229 □□ | **contribution** [kɑ̀ntrəbjúːʃən] | 名 寄付、貢献 |
| 230 □□ | **transformation** [trænsfərméiʃən] | 名 変形、変化 |
| 231 □□ | **donation** [dounéiʃən] | 名 寄付、寄贈 |
| 232 □□ | **charity** [tʃǽrəti] | 名 慈善、義援金、寄付 |

| Q58 の答え ㋑ |

# Q59

㋐ distribution

㋑ division

㋒ separation

㋓ sensation

▶ 意味と発音を確認しよう

| | | |
|---|---|---|
| 233 □□ | **distribution** [dìstrəbjú:ʃən] | 名 分配、分類、分布；分割；流通 |
| 234 □□ | **division** [divíʒən] | 名 分割、分類、区分 |
| 235 □□ | **separation** [sèpəréiʃən] | 名 分離、独立、分類；別居 |
| 236 □□ | **sensation** [senséiʃən] | 名 感覚、知覚、感情、感動；大評判 |



Q59の答え ㋓

# Q60

㋐ discrimination

㋑ accommodation

㋒ lodge

㋓ hostel

▶ 意味と発音を確認しよう

|  |  |  |
|---|---|---|
| 237 □□ | **discrimination** [diskrìmənéiʃən] | 名 差別；区別 |
| 238 □□ | **accommodation** [əkɑ̀mədéiʃən] | 名 宿泊設備 |
| 239 □□ | **lodge** [lɑ́dʒ] | 名 山小屋、番小屋、山荘 |
| 240 □□ | **hostel** [hɑ́stl] | 名 宿泊所 ㊟ youth hostel「青少年向け宿泊施設」 |

# Q61

㋐ conservation

㋑ conversation

㋒ preservation

㋓ maintenance

▶ 意味と発音を確認しよう

| | | |
|---|---|---|
| 241 □□ | **conservation** [kὰnsərvéiʃən] | 名 保存、維持、保護、自然・鳥獣保護区 |
| 242 □□ | **conversation** [kὰnvərséiʃən] | 名 会話 |
| 243 □□ | **preservation** [prèzərvéiʃən] | 名 保存、保護 |
| 244 □□ | **maintenance** [méintənəns] | 名 保持、保存、維持 |

# Q62

㋐ **scary**

㋑ **shortage**

㋒ **lack**

㋓ **absence**

▶ 意味と発音を確認しよう

| 245 □□ | **scary** [skέəri] | 形 怖い |
|---|---|---|
| 246 □□ | **shortage** [ʃɔ́:rtidʒ] | 名 不足、欠乏 |
| 247 □□ | **lack** [lǽk] | 名 欠乏、不足 |
| 248 □□ | **absence** [ǽbsəns] | 名 不在、欠席；欠乏、不足 |

Q62の答え ㋐

# Q63

㋐ **scarce**

㋑ **insufficient**

㋒ **rare**

㋓ **hire**

▶ 意味と発音を確認しよう

|  |  |  |
|---|---|---|
| 249 □□ | **scarce** [skέərs] | 形 不足して、欠乏して |
| 250 □□ | **insufficient** [ìnsəfíʃənt] | 形 不十分な<br>⇔ sufficient「十分な」 |
| 251 □□ | **rare** [rέər] | 形 まれな、希少な、ほとんどない |
| 252 □□ | **hire** [háiər] | 動 雇う |

# Q64

㋐ **feature**

㋑ **characteristic**

㋒ **trait**

㋓ **profit**

▶ 意味と発音を確認しよう

| | | |
|---|---|---|
| 253 □□ | **feature** [fíːtʃər] | 名 特徴；容貌；特別番組 |
| 254 □□ | **characteristic** [kæ̀riktərístik] | 名 特徴 |
| 255 □□ | **trait** [tréit] | 名 特徴 |
| 256 □□ | **profit** [prɑ́fit] | 名 利益、もうけ |

Q64の答え ㋓

# Q65

㋐ **profit**

㋑ **prohibit**

㋒ **ban**

㋓ **forbid**

▶ 意味と発音を確認しよう

| 257 □□ | **profit** [práfit] | 名 利益、もうけ |
|---|---|---|
| 258 □□ | **prohibit** [prouhíbit] | 動 妨げる、禁止する |
| 259 □□ | **ban** [bǽn] | 動 禁止する |
| 260 □□ | **forbid** [fərbíd] | 動 禁ずる、～させない |



Q65の答え ㋐

# Q66

㋐ oxygen

㋑ origin

㋒ nitrogen

㋓ carbon

▶ 意味と発音を確認しよう

| | | |
|---|---|---|
| 261 □□ | **oxygen** [ɑ́ksidʒən] | 名 酸素 |
| 262 □□ | **origin** [ɔ́:rədʒin] | 名 始まり、起源；出自 |
| 263 □□ | **nitrogen** [náitrədʒən] | 名 窒素 |
| 264 □□ | **carbon** [kɑ́:*r*bən] | 名 炭素<br>注 decarbonization「脱炭素化」 |

# Q67

㋐ **found**

㋑ **fund**

㋒ **establish**

㋓ **launch**

▶ 意味と発音を確認しよう

|  |  |  |
|---|---|---|
| 265 □□ | **found** [fáund] | 動 創立する、～に基づく<br>注 find「見つける」の過去・過去分詞形と同じスペル。 |
| 266 □□ | **fund** [fʌ́nd] | 名 資金、基金 |
| 267 □□ | **establish** [istǽbliʃ] | 動 確立する、創設する |
| 268 □□ | **launch** [lɔ́:ntʃ] | 動 始める；(ロケットなどを) 発射する；(商品を) 世に出す |

　|　Q67の答え ㋑　|

# Q68

㋐ **military**

㋑ **squad**

㋒ **crop**

㋓ **troop**

▶ 意味と発音を確認しよう

| | | |
|---|---|---|
| 269 □□ | **military** [mílitèri] | 名 軍、軍隊 |
| 270 □□ | **squad** [skwád] | 名 隊 |
| 271 □□ | **crop** [kráp] | 名 穀物、作物、収穫高 |
| 272 □□ | **troop** [trú:p] | 名 群れ、大群、軍隊 |

| Q68 の答え ㋒ |

# Q69

㋐ **minority**

㋑ **majority**

㋒ **plenty**

㋓ **mass**

▶ 意味と発音を確認しよう

| | | |
|---|---|---|
| 273 □□ | **minority** [minɔ́:rəti, mai-] | 名 小数、少数派、小数民族 |
| 274 □□ | **majority** [mədʒɔ́:rəti] | 名 大多数、過半数、多数派 |
| 275 □□ | **plenty** [plénti] | 名 たくさん、十分 |
| 276 □□ | **mass** [mǽs] | 名 かたまり、多数、大部分；大衆 |

# Q70

㋐ **sensitive**

㋑ **sensible**

㋒ **reasonable**

㋓ **rational**

▶ 意味と発音を確認しよう

| | | |
|---|---|---|
| 277 □□ | **sensitive** [sénsətiv] | 形 敏感な、過敏な；（情報など取り扱いに）注意を要する |
| 278 □□ | **sensible** [sénsəbl] | 形 分別のある、賢明な |
| 279 □□ | **reasonable** [ríːzənəbl] | 形 理性的な、筋の通った；手頃な値段の |
| 280 □□ | **rational** [rǽʃənl] | 形 理性のある、理にかなった |

| Q70 の答え ㋐ |

# Q71

㋐ local

㋑ provincial

㋒ regional

㋓ religious

▶ 意味と発音を確認しよう

| | | |
|---|---|---|
| 281 □□ | **local** [lóukəl] | 形 その土地の、地元の、狭い地域の |
| 282 □□ | **provincial** [prəvínʃəl] | 形 地方の、田舎の |
| 283 □□ | **regional** [rí:dʒənl] | 形 地域の、地方の；局地的な |
| 284 □□ | **religious** [rilídʒəs] | 形 宗教の、宗教上の、宗教的な |



Q71 の答え ㋓

# Q72

㋐ **precise**

㋑ **rude**

㋒ **accurate**

㋓ **punctual**

▶ 意味と発音を確認しよう

|  |  |  |
|---|---|---|
| 285 □□ | **precise** [prisáis] | 形 正確な、精密な、きちょうめんな |
| 286 □□ | **rude** [rú:d] | 形 無礼な、無作法な |
| 287 □□ | **accurate** [ǽkjurət] | 形 正確な、精密な |
| 288 □□ | **punctual** [pʌ́ŋktʃuəl] | 形 時間を守る、きちょうめんな |

Q72 の答え ㋑

# Q73

㋐ **praise**

㋑ **celebrate**

㋒ **blame**

㋓ **adore**

▶ 意味と発音を確認しよう

| | | |
|---|---|---|
| 289 □□ | **praise** [préiz] | 動 称賛する<br>注 名詞で「称賛、褒め言葉」。 |
| 290 □□ | **celebrate** [séləbrèit] | 動 祝う、褒めたたえる |
| 291 □□ | **blame** [bléim] | 動 非難する、責める；～のせいにする |
| 292 □□ | **adore** [ədɔ́:r] | 動 あがめる、敬慕する、～が大好きだ |

# Q74

㋐ prime

㋑ chief

㋒ chef

㋓ first

▶ 意味と発音を確認しよう

|  |  |  |
|---|---|---|
| 293 □□ | **prime** [práim] | 形 首位の、第一の、最良の<br>注 prime minister「首相」 |
| 294 □□ | **chief** [tʃíːf] | 形 第一の、最高の、主要な |
| 295 □□ | **chef** [ʃéf] | 名 料理長 |
| 296 □□ | **first** [fə́ːrst] | 形 第一の、最初の、最高の |

# Q75

㋐ **steady**

㋑ **firm**

㋒ **stable**

㋓ **unable**

▶ 意味と発音を確認しよう

| 297 □□ | **steady** [stédi] | 形 安定した、しっかりした、不変の |
|---|---|---|
| 298 □□ | **firm** [fə́ːrm] | 形 堅い、安定した<br>注 名詞 firm「会社、企業」と同じスペル。 |
| 299 □□ | **stable** [stéibl] | 形 安定した、揺るぎない、持続性のある |
| 300 □□ | **unable** [ʌnéibl] | 形 ～できない<br>⇔ able「～できる」「有能な」 |



Q75 の答え ㋓

# Q76

㋐ **starve**

㋑ **develop**

㋒ **advance**

㋓ **progress**

▶ 意味と発音を確認しよう

|  |  |  |
|---|---|---|
| 301 □□ | **starve** [stáːrv] | 動 餓死する<br>注 I'm starving!「腹ペコだよ！」 |
| 302 □□ | **develop** [divéləp] | 形 発達させる；発達する |
| 303 □□ | **advance** [ædvǽns] | 動 前進させる；進歩する、発展する |
| 304 □□ | **progress** [prəgrés] | 動 前進する、進歩する、発達する |

# Q77

㋐ **summit**

㋑ **seek**

㋒ **peak**

㋓ **mountaintop**

▶ 意味と発音を確認しよう

|  |  |  |
|---|---|---|
| 305 □□ | **summit** [sʌ́mit] | 名 頂上、頂点；首脳会談 |
| 306 □□ | **seek** [síːk] | 動 捜す、求める、得ようとする |
| 307 □□ | **peak** [píːk] | 動 山頂、頂点、最高点 |
| 308 □□ | **mountaintop** [máuntəntɑ̀p] | 名 山頂 |

# Q78

㋐ **permit**

㋑ **allow**

㋒ **approve**

㋓ **apologize**

▶ 意味と発音を確認しよう

|  |  |  |
| --- | --- | --- |
| 309 □□ | **permit** [pərmít] | 動 許す、許可する、～させておく |
| 310 □□ | **allow** [əláu] | 動 許す、～させておく；承認する |
| 311 □□ | **approve** [əprú:v] | 動 是認する、賛成する |
| 312 □□ | **apologize** [əpálədʒàiz] | 動 謝る |

# Q79

㋐ **admit**

㋑ **agree**

㋒ **knee**

㋓ **accept**

▶ 意味と発音を確認しよう

| | | |
|---|---|---|
| 313 □□ | **admit** [ædmít] | 動 認める；入場・入会・入学を許す |
| 314 □□ | **agree** [əgríː] | 動 賛成する、同意する；一致する |
| 315 □□ | **knee** [níː] | 名 ひざ<br>注 elbow「ひじ」 |
| 316 □□ | **accept** [æksépt] | 動 受け入れる、承諾する |



| Q79 の答え ㋒ |

# Q80

㋐ **vomit**

㋑ **commit**

㋒ **throw up**

㋓ **spit**

▶ 意味と発音を確認しよう

|  |  |  |
|---|---|---|
| 317 □□ | **vomit** [vámit] | 動 吐く、（煙などを）吹く |
| 318 □□ | **commit** [kəmít] | 動 献身する；罪を犯す |
| 319 □□ | **throw up** [θróu ʌ́p] | 動 吐く |
| 320 □□ | **spit** [spít] | 動 吐く、吹き出す |

Q80の答え ㋑

# Q81

㋐ **divide**

㋑ **hold up**

㋒ **break up**

㋓ **split**

▶ 意味と発音を確認しよう

| | | |
|---|---|---|
| 321 □□ | **divide** [diváid] | 動 分割する、分類する、分ける |
| 322 □□ | **hold up** [hóuld ʌ́p] | 動 持ちこたえる；進行を遅らせる・妨げる |
| 323 □□ | **break up** [bréik ʌ́p] | 動 壊れる、別れる、ばらばらになる |
| 324 □□ | **split** [splít] | 動 裂く、割る、分ける；仲たがいさせる |



Q81 の答え ㋑

# Q82

㋐ **spoil**

㋑ **soil**

㋒ **earth**

㋓ **dirt**

▶ 意味と発音を確認しよう

| | | |
|---|---|---|
| 325 □□ | **spoil** [spɔ́il] | 動 台無しにする；甘やかす |
| 326 □□ | **soil** [sɔ́il] | 名 土、土壌；土地、国土 |
| 327 □□ | **earth** [ə́:rθ] | 名 地球；大地、陸地；土、土壌 |
| 328 □□ | **dirt** [də́:rt] | 名 汚れ；泥、土、土壌 |

Q82の答え ㋐

# Q83

㋐ **spill**

㋑ **expose**

㋒ **reveal**

㋓ **rival**

▶ 意味と発音を確認しよう

| | | |
|---|---|---|
| 329 □□ | **spill** [spíl] | 動 こぼす、まき散らす；(秘密などを) 漏らす、言ってしまう |
| 330 □□ | **expose** [ikspóuz] | 動 さらす、あらわにする；暴露する、暴く |
| 331 □□ | **reveal** [rivíːl] | 動 明らかにする、暴露する、暴く |
| 332 □□ | **rival** [ráivəl] | 名 好敵手、ライバル |

# Q84

㋐ **fur**

㋑ **far**

㋒ **wool**

㋓ **pile**

▶ 意味と発音を確認しよう

|  |  |  |
| --- | --- | --- |
| 333 □□ | **fur** [fə́ːr] | 名 毛皮 |
| 334 □□ | **far** [fάːr] | 副 遠くに、遠くへ；はるかに |
| 335 □□ | **wool** [wúl] | 名 羊毛 |
| 336 □□ | **pile** [páil] | 名 （織物の）細い毛、パイル織物<br>注 名詞 pile「積み重ね」と同じスペル。 |

# Q85

㋐ **dismiss**

㋑ **abandon**

㋒ **release**

㋓ **fleece**

▶ 意味と発音を確認しよう

| | | |
|---|---|---|
| 337 □□ | **dismiss** [dismís] | 動 解雇する；（考えを）捨てる、退ける |
| 338 □□ | **abandon** [əbǽndən] | 動 見捨てる、あきらめる、捨てる |
| 339 □□ | **release** [rilíːs] | 動 解放する、解除する、任を解く；（作品を）公開・発表する |
| 340 □□ | **fleece** [flíːs] | 名 羊毛 |



Q85の答え ㋓

# Q86

㋐ **later**

㋑ **afterward**

㋒ **afterword**

㋓ **subsequently**

▶ 意味と発音を確認しよう

| | | |
|---|---|---|
| 341 □□ | **later** [léitər] | 副 後で、後ほど |
| 342 □□ | **afterward** [ǽftərwərd] | 副 後で、その後 |
| 343 □□ | **afterword** [ǽftərwə̀ːrd] | 名 後書き、結びの言葉 |
| 344 □□ | **subsequently** [sʌ́bsikwəntli] | 副 その後、続いて |

| Q86 の答え ㋒ |

# Q87

㋐ **thus**

㋑ **therefore**

㋒ **whereas**

㋓ **so**

▶ 意味と発音を確認しよう

|  |  |  |
|---|---|---|
| 345 □□ | **thus** [ðʌ́s] | 副 このように、したがって |
| 346 □□ | **therefore** [ðéərfɔ̀ːr] | 副 それゆえに、したがって |
| 347 □□ | **whereas** [hwὲəræ̀z] | 接 ～であるのに、だが一方で |
| 348 □□ | **so** [sóu] | 接 だから、それで |



| Q87 の答え ㋒ |

# Q88

㋐ polish

㋑ vanish

㋒ disappear

㋓ fade

▶ 意味と発音を確認しよう

|  |  |  |
|---|---|---|
| 349 □□ | **polish** [páliʃ] | 動 磨く |
| 350 □□ | **vanish** [vǽniʃ] | 動 消える、消滅する |
| 351 □□ | **disappear** [dìsəpíər] | 動 見えなくなる、消滅する |
| 352 □□ | **fade** [féid] | 動 しおれる；衰える；見えなくなる、消えてゆく |

Q88 の答え ㋐

# Q89

㋐ option

㋑ choice

㋒ alternative

㋓ talkative

▶ 意味と発音を確認しよう

|  |  |  |
|---|---|---|
| 353 □□ | **option** [ɑ́pʃən] | 名 選択肢、選択できるもの |
| 354 □□ | **choice** [tʃɔ́is] | 名 選択 |
| 355 □□ | **alternative** [ɔːltə́ːrnətiv] | 名 選択肢、代案<br>注 形容詞で「代替の」。 |
| 356 □□ | **talkative** [tɔ́ːkətiv] | 形 話し好きな、おしゃべりな |

# Q90

㋐ **fix**

㋑ **relax**

㋒ **restore**

㋓ **repair**

▶ 意味と発音を確認しよう

| | | |
|---|---|---|
| 357 □□ | **fix** [fíks] | 動 固定する；修理する |
| 358 □□ | **relax** [rilǽks] | 動 緩める；くつろぐ |
| 359 □□ | **restore** [ristɔ́:*r*] | 動 復元する、修復する |
| 360 □□ | **repair** [ripέə*r*] | 動 修理する、修復する |

Q90の答え ㋑

# Q91

㋐ **convert**

㋑ **consume**

㋒ **swallow**

㋓ **digest**

▶ 意味と発音を確認しよう

| | | |
|---|---|---|
| 361 □□ | **convert** [kənvə́ːrt] | 動 変える、転換する |
| 362 □□ | **consume** [kənsúːm] | 動 消費する；たくさん食べる・飲む |
| 363 □□ | **swallow** [swálou] | 動 飲み込む、たいらげる |
| 364 □□ | **digest** [daidʒést] | 動 （食べ物を）消化する |

# Q92

㋐ **diet**

㋑ **direct**

㋒ **order**

㋓ **control**

▶ 意味と発音を確認しよう

| | | |
|---|---|---|
| 365 □□ | **diet** [dáiət] | 名 食事 |
| 366 □□ | **direct** [dirékt, dai-] | 動 指揮・監督する、命令する |
| 367 □□ | **order** [ɔ́ːrdər] | 動 整える；命令する；注文する |
| 368 □□ | **control** [kəntróul] | 動 支配する、監督する；調節する |

# Q93

㋐ **instruct**

㋑ **construct**

㋒ **educate**

㋓ **train**

▶ 意味と発音を確認しよう

| | | |
|---|---|---|
| 369 □□ | **instruct** [instrʌ́kt] | 動 教える |
| 370 □□ | **construct** [kənstrʌ́kt] | 動 建設する、組み立てる |
| 371 □□ | **educate** [édʒukèit] | 動 教育する |
| 372 □□ | **train** [tréin] | 動 訓練する、しつける、教育する |



Q93 の答え ㋑

# Q94

㋐ **instinct**

㋑ **distinct**

㋒ **unlike**

㋓ **diverse**

▶ 意味と発音を確認しよう

| | | |
|---|---|---|
| 373 □□ | **instinct** [ínstiŋkt] | 名 本能 |
| 374 □□ | **distinct** [distíŋkt] | 形 ～とは異なる；明瞭な |
| 375 □□ | **unlike** [ʌ̀nláik] | 形 似ていない、異なった |
| 376 □□ | **diverse** [divə́ːrs] | 形 異なった、多様な<br>注 diversity「多様性」 |

Q94の答え ㋐

# Q95

㋐ **function**

㋑ **distinction**

㋒ **role**

㋓ **task**

▶ 意味と発音を確認しよう

|  |  |  |
|---|---|---|
| 377 □□ | **function** [fʌ́ŋkʃən] | 名 機能、役目 |
| 378 □□ | **distinction** [distíŋkʃən] | 名 区別、識別 |
| 379 □□ | **role** [róul] | 名 役割、役目、任務 |
| 380 □□ | **task** [tǽsk] | 名 仕事、作業、任務 |

# Q96

㋐ **trend**

㋑ **tendency**

㋒ **current**

㋓ **ingredient**

▶ 意味と発音を確認しよう

|  |  |  |
|---|---|---|
| 381 □□ | **trend** [trénd] | 名 傾向；流行 |
| 382 □□ | **tendency** [téndənsi] | 名 傾向、風潮 |
| 383 □□ | **current** [kə́ːrənt] | 名 流れ、電流、潮流；風潮<br>注 形容詞で「今の」。 |
| 384 □□ | **ingredient** [ingríːdiənt] | 名 成分、材料 |

Q96の答え ㋓

# Q97

㋐ **pause**

㋑ **hesitation**

㋒ **interaction**

㋓ **interruption**

▶ 意味と発音を確認しよう

| | | |
|---|---|---|
| 385 □□ | **pause** [pɔ́ːz] | 名 中断、小休止、一時停止；ためらい |
| 386 □□ | **hesitation** [hèzətéiʃən] | 名 ためらい、気後れ |
| 387 □□ | **interaction** [ìntərǽkʃən] | 名 相互作用 |
| 388 □□ | **interruption** [ìntərʌ́pʃən] | 名 中断、妨害 |

# Q98

㋐ clue

㋑ hint

㋒ key

㋓ crew

▶ 意味と発音を確認しよう

| | | |
|---|---|---|
| 389 □□ | **clue** [klúː] | 名 手がかり、（解決の）鍵 |
| 390 □□ | **hint** [hínt] | 名 暗示、ほのめかし、ヒント |
| 391 □□ | **key** [kíː] | 名 鍵、手がかり |
| 392 □□ | **crew** [krúː] | 名 乗組員、乗務員 |

Q98の答え ㋓

# Q99

㋐ glue

㋑ bond

㋒ taste

㋓ paste

▶ 意味と発音を確認しよう

| | | |
|---|---|---|
| 393 □□ | **glue** [glúː] | 名 接着剤、のり |
| 394 □□ | **bond** [bɑ́nd] | 名 接着剤；結束、きずな；債権 |
| 395 □□ | **taste** [téist] | 名 味、風味 |
| 396 □□ | **paste** [péist] | 名 のり、ペースト |

# Q100

㋐ **wonder**

㋑ **wander**

㋒ **stray**

㋓ **stroll**

▶ 意味と発音を確認しよう

| | | |
|---|---|---|
| 397 □□ | **wonder** [wʌ́ndər] | 動 不思議に思う、～について知りたいと思う |
| 398 □□ | **wander** [wándər] | 動 歩きまわる、さまよう |
| 399 □□ | **stray** [stréi] | 動 道に迷う、さまよう |
| 400 □□ | **stroll** [stróul] | 動 ぶらつく、さまよう |

| Q100 の答え ㋐ |

## まとめて覚えよう① LとRが違う単語

英語には、l と r が違うだけで意味が全く異なる単語が多くあります。日本語の発音（カタカナ）に頼って覚えるのではなく、英語のスペルと発音をきちんと区別しておきましょう。

| | |
|---|---|
| **allow** 許す | arrow 矢 |
| belly 腹、腹部 | berry （イチゴなど）ベリー類 |
| **bleed** 出血する | **breed** 品種、血統、繁殖させる |
| blew blow「吹く」の過去形 | brew 醸造する |
| bloom 花が咲く | broom ほうき |
| **collect** 集める | **correct** 訂正する |
| **daily** 毎日の | **dairy** 乳製品 |
| folk 人々 | fork フォーク、熊手 |
| flame 炎 | **frame** 構造、骨組み |
| flee 逃げる | free 自由な |
| **flesh** 肉、身 | **fresh** 新鮮な |
| glow 白熱、輝き | grow 成長する |
| **lack** 欠乏 | rack 棚 |
| **lay** 置く、横たえる | ray 光線 |
| **law** 法律 | **raw** 生(なま)の、未加工の |
| leap 跳ぶ | reap 収穫する |
| lid ふた | rid 取り除く |
| **low** 低い | **row** 列、並び |
| loyal 誠実な | royal 王室の |

ほかに、**alive**「生きたままで」と arrive「到着する」、**cloud**「雲」と **crowd**「群衆、人ごみ」、**clue**「手がかり」と **crew**「乗組員」、**valley**「谷」と **vary**「変わる、異なる」も取り違えることが多いので要注意です。

※**太字**は本書で扱っている単語

# Exercise 2

## Q101 ～ Q200

1 問につき 1 点換算でスコアを付け、
全問正解を目指しましょう。

| 1 周目スコア | 2 周目スコア | 3 周目スコア |
|---|---|---|
| / 100 | / 100 | / 100 |

# Q101

㋐ **mystery**

㋑ **puzzle**

㋒ **riddle**

㋓ **cuddle**

▶ 意味と発音を確認しよう

| | | |
|---|---|---|
| 401 □□ | **mystery** [místəri] | 名 謎、不思議 |
| 402 □□ | **puzzle** [pʌ́zl] | 名 謎、パズル |
| 403 □□ | **riddle** [rídl] | 名 なぞなぞ、不可解なもの |
| 404 □□ | **cuddle** [kʌ́dl] | 動 抱きしめる、抱っこしてかわいがる |

# Q102

㋐ **shellfish**

㋑ **selfish**

㋒ **crayfish**

㋓ **jellyfish**

▶ 意味と発音を確認しよう

| | | |
|---|---|---|
| 405 □□ | **shellfish** [ʃélfìʃ] | 名 甲殻類 |
| 406 □□ | **selfish** [sélfiʃ] | 形 利己的な、わがままな |
| 407 □□ | **crayfish** [kréifìʃ] | 名 ザリガニ |
| 408 □□ | **jellyfish** [dʒélifìʃ] | 名 クラゲ<br>注 starfish「ヒトデ」 |

Q102の答え ㋑

# Q103

㋐ **matter**

㋑ **count**

㋒ **sigh**

㋓ **weigh**

▶ 意味と発音を確認しよう

| | | |
|---|---|---|
| 409 □□ | **matter** [mǽtə*r*] | 動 重要である<br>注 名詞で「問題」「物質」。 |
| 410 □□ | **count** [káunt] | 動 数える；重要である |
| 411 □□ | **sigh** [sái] | 動 ため息をつく |
| 412 □□ | **weigh** [wéi] | 動 重さが～ある；（心の）重荷となる；重要である |

# Q104

㋐ **correct**

㋑ **collect**

㋒ **exact**

㋓ **proper**

▶ 意味と発音を確認しよう

|  |  |  |
|---|---|---|
| 413 □□ | **correct** [kərékt] | 形 正しい<br>注 動詞で「訂正する」。 |
| 414 □□ | **collect** [kəlékt] | 動 集める |
| 415 □□ | **exact** [igzǽkt] | 形 正確な |
| 416 □□ | **proper** [prάpər] | 形 適切な、正式の；固有の；正確な |

# Q105

㋐ childhood

㋑ likelihood

㋒ probability

㋓ possibility

▶ 意味と発音を確認しよう

| | | |
|---|---|---|
| 417 □□ | **childhood** [tʃáildhùd] | 名 子ども時代 |
| 418 □□ | **likelihood** [láiklihùd] | 名 可能性、見込み |
| 419 □□ | **probability** [prɑ̀bəbíləti] | 名 ありそうなこと、見込み |
| 420 □□ | **possibility** [pɑ̀səbíləti] | 名 可能性、実現性、将来性<br>注 確実さは probability ＞ likelihood ＞ possibility の順。 |

# Q106

㋐ potential

㋑ capability

㋒ prospect

㋓ respect

▶ 意味と発音を確認しよう

| | | |
|---|---|---|
| 421 □□ | **potential** [pəténʃəl] | 名 可能性、将来性<br>注 形容詞で「潜在的な」。 |
| 422 □□ | **capability** [kèipəbíləti] | 名 能力、可能性 |
| 423 □□ | **prospect** [práspekt] | 名 見込み、可能性、見通し |
| 424 □□ | **respect** [rispékt] | 名 尊敬；箇所；（丁寧な）あいさつ<br>注 動詞で「尊敬する」。 |

# Q107

㋐ respecting

㋑ concerning

㋒ about

㋓ doubt

▶ 意味と発音を確認しよう

|  |  |  |
|---|---|---|
| 425 □□ | **respecting** [rispéktiŋ] | 前 ～について、～に関して |
| 426 □□ | **concerning** [kənsə́ːrniŋ] | 前 ～に関して |
| 427 □□ | **about** [əbáut] | 前 ～について<br>＝ as to |
| 428 □□ | **doubt** [dáut] | 動 （～ではないのではと）疑う<br>注 suspect「（～なのではと）疑う」 |

# Q108

㋐ **edge**

㋑ **urge**

㋒ **end**

㋓ **margin**

▶ 意味と発音を確認しよう

| | | |
|---|---|---|
| 429 □□ | **edge** [édʒ] | 名 へり、ふち、端；鋭さ |
| 430 □□ | **urge** [ə́ːrdʒ] | 動 駆り立てる；強く迫る |
| 431 □□ | **end** [énd] | 名 終わり、端、果て |
| 432 □□ | **margin** [mɑ́ːrdʒin] | 名 ふち、へり、端；欄外；利ざや |

# Q109

㋐ **cargo**

㋑ **burden**

㋒ **sudden**

㋓ **shipment**

▶ 意味と発音を確認しよう

|  |  |  |
|---|---|---|
| 433 □□ | **cargo** [kɑ́ːrgou] | 名 積み荷、貨物 |
| 434 □□ | **burden** [bə́ːrdn] | 名 荷；負担、重荷 |
| 435 □□ | **sudden** [sʌ́dn] | 形 突然の |
| 436 □□ | **shipment** [ʃípmənt] | 名 積み荷；（商品・荷物の）発送 |



Q109の答え ㋒

# Q110

㋐ **objection**

㋑ **objective**

㋒ **goal**

㋓ **aim**

▶ 意味と発音を確認しよう

| | | |
|---|---|---|
| 437 □□ | **objection** [əbdʒékʃən] | 名 異議、反対、反論 |
| 438 □□ | **objective** [əbdʒéktiv] | 名 目標、目的 |
| 439 □□ | **goal** [góul] | 名 目標、目的；得点、ゴール |
| 440 □□ | **aim** [éim] | 名 狙い；目的、意図 |

| Q110の答え ㋐ |

# Q111

㋐ **track**

㋑ **trace**

㋒ **follow**

㋓ **fellow**

▶ 意味と発音を確認しよう

| | | |
|---|---|---|
| 441 □□ | **track** [træk] | 動 追跡する、たどる |
| 442 □□ | **trace** [tréis] | 動 たどる、追跡調査する；線をなぞる |
| 443 □□ | **follow** [fálou] | 動 後を追う、続く、～の結果として起こる |
| 444 □□ | **fellow** [félou] | 名 仲間 |

# Q112

㋐ trade

㋑ extend

㋒ exchange

㋓ swap

▶ 意味と発音を確認しよう

| | | |
|---|---|---|
| 445 □□ | **trade** [tréid] | 動 取引する、貿易する<br>注 名詞で「貿易、取引」。 |
| 446 □□ | **extend** [iksténd] | 動 伸ばす、広げる、拡大する；伸びる、広がる |
| 447 □□ | **exchange** [ikstʃéindʒ] | 動 交換する、交易する、両替する |
| 448 □□ | **swap** [swάp] | 動 交換する、交易する |

# Q113

㋐ movement

㋑ action

㋒ emotion

㋓ motion

▶ 意味と発音を確認しよう

| | | |
|---|---|---|
| 449 □□ | **movement** [múːvmənt] | 名 運動、動き |
| 450 □□ | **action** [ǽkʃən] | 名 行動、実行、動き |
| 451 □□ | **emotion** [imóuʃən] | 名 感動、感情 |
| 452 □□ | **motion** [móuʃən] | 名 運動、動き、動作 |

# Q114

㋐ **pause**

㋑ **rest**

㋒ **break**

㋓ **fake**

▶ 意味と発音を確認しよう

| | | |
|---|---|---|
| 453 □□ | **pause** [pɔ́ːz] | 名 中断、小休止、一時停止；ためらい |
| 454 □□ | **rest** [rést] | 名 休息、休憩；停止、静止<br>注 名詞で「残り」の意味もあります。 |
| 455 □□ | **break** [bréik] | 名 破壊、骨折；中断、休憩 |
| 456 □□ | **fake** [féik] | 形 偽の<br>注 動詞で「ねつ造する」。 |

Q114の答え ㋓

# Q115

㋐ **cease**

㋑ **increase**

㋒ **quit**

㋓ **come to an end**

▶ 意味と発音を確認しよう

|  |  |  |
|---|---|---|
| 457 □□ | **cease** [síːs] | 動 終わる、～しなくなる |
| 458 □□ | **increase** [inkríːs] | 動 増える；増やす、拡大する |
| 459 □□ | **quit** [kwít] | 動 やめる |
| 460 □□ | **come to an end** [kʌ́m tu ən énd] | 動 終わる |



Q115の答え ㋑

# Q116

㋐ **bury**

㋑ **entry**

㋒ **hide**

㋓ **conceal**

▶ 意味と発音を確認しよう

| | | |
|---|---|---|
| 461 □□ | **bury** [béri] | 動 埋葬する、葬り去る、覆い隠す |
| 462 □□ | **entry** [éntri] | 名 入場、登場、出場 |
| 463 □□ | **hide** [háid] | 動 隠す |
| 464 □□ | **conceal** [kənsíːl] | 動 隠す |

# Q117

㋐ **concrete**

㋑ **complete**

㋒ **achieve**

㋓ **finish**

▶ 意味と発音を確認しよう

| | | |
|---|---|---|
| 465 □□ | **concrete** [kάnkriːt] | 形 具体的な<br>⇔ asbtract「抽象的な」 |
| 466 □□ | **complete** [kəmplíːt] | 動 完了する、達成する |
| 467 □□ | **achieve** [ətʃíːv] | 動 成し遂げる、目的を達する |
| 468 □□ | **finish** [fíniʃ] | 動 終える；終わる |

# Q118

㋐ **bring back**

㋑ **yield**

㋒ **generate**

㋓ **bring about**

▶ 意味と発音を確認しよう

| | | |
|---|---|---|
| 469 □□ | **bring back** [bríŋ bæ̀k] | 動 持ち帰る、戻す |
| 470 □□ | **yield** [jíːld] | 動 産む、出す、もたらす |
| 471 □□ | **generate** [dʒénərèit] | 動 生み出す、発生させる |
| 472 □□ | **bring about** [brìŋ əbáut] | 動 ～を引き起こす、もたらす<br>= cause「～の原因となる」 |

Q118の答え ㋐

# Q119

㋐ anticipate

㋑ expect

㋒ envelope

㋓ hope

▶ 意味と発音を確認しよう

|  |  |  |
|---|---|---|
| 473 □□ | **anticipate** [æntísəpèit] | 動 予想する、期待する |
| 474 □□ | **expect** [ikspékt] | 動 予想する、期待する |
| 475 □□ | **envelope** [énvəlòup] | 名 封筒 |
| 476 □□ | **hope** [hóup] | 動 望む、願う、期待する |

# Q120

㋐ altitude

㋑ attitude

㋒ longitude

㋓ latitude

▶ 意味と発音を確認しよう

| | | |
|---|---|---|
| 477 □□ | **altitude** [ǽltətjù:d] | 名 高さ、海抜、標高 |
| 478 □□ | **attitude** [ǽtitjù:d] | 名 態度、姿勢 |
| 479 □□ | **longitude** [lándʒətjù:d] | 名 経度 |
| 480 □□ | **latitude** [lǽtətjù:d] | 名 緯度 |

Q120の答え ㋑

# Q121

㋐ **cruise**

㋑ **float**

㋒ **sailing**

㋓ **ceiling**

▶ 意味と発音を確認しよう

|  |  |  |
|---|---|---|
| 481 □□ | **cruise** [krúːz] | 名 巡航、船旅 |
| 482 □□ | **float** [flóut] | 名 うき、いかだ<br>注 動詞で「浮く、漂う」。 |
| 483 □□ | **sailing** [séiliŋ] | 名 航海、航行、ヨット競技 |
| 484 □□ | **ceiling** [síːliŋ] | 名 天井<br>注 glass ceiling「ガラスの天井（昇進を阻むもの）」 |

# Q122

㋐ biology

㋑ biography

㋒ autobiography

㋓ history

▶ 意味と発音を確認しよう

| | | |
|---|---|---|
| 485 □□ | **biology** [baiάlədʒi] | 名 生物学 |
| 486 □□ | **biography** [baiάgrəfi] | 名 伝記 |
| 487 □□ | **autobiography** [ɔ̀:təbaiάgrəfi] | 名 自伝 |
| 488 □□ | **history** [hístəri] | 名 歴史；伝記；履歴、沿革 |

Q122 の答え ㋐

# Q123

㋐ psychology

㋑ archaeology

㋒ allergy

㋓ zoology

▶ 意味と発音を確認しよう

| | | |
|---|---|---|
| 489 □□ | **psychology** [saikɑ́lədʒi] | 名 心理学 |
| 490 □□ | **archaeology** [ɑ̀ːrkiɑ́lədʒi] | 名 考古学 |
| 491 □□ | **allergy** [ǽlərdʒi] | 名 アレルギー；嫌悪 |
| 492 □□ | **zoology** [zouɑ́lədʒi] | 名 動物学 |

# Q124

㋐ philosophy

㋑ community

㋒ neighborhood

㋓ society

▶ 意味と発音を確認しよう

|  |  |  |
|---|---|---|
| 493 □□ | **philosophy** [filásəfi] | 名 哲学 |
| 494 □□ | **community** [kəmjú:nəti] | 名 共同体、地域社会 |
| 495 □□ | **neighborhood** [néibərhùd] | 名 近所、地域；近所の人たち |
| 496 □□ | **society** [səsáiəti] | 名 社会；団体 |

Q124 の答え ㋐

# Q125

㋐ **chemistry**

㋑ **entry**

㋒ **science**

㋓ **math**

▶ 意味と発音を確認しよう

| | | |
|---|---|---|
| 497 □□ | **chemistry** [kéməstri] | 名 化学 |
| 498 □□ | **entry** [éntri] | 名 入場、登場、出場 |
| 499 □□ | **science** [sáiəns] | 名 科学 |
| 500 □□ | **math** [mǽθ] | 名 数学<br>注 mass「かたまり、多数、大部分」「大衆」 |

# Q126

㋐ **economics**

㋑ **physics**

㋒ **electronics**

㋓ **confess**

▶ 意味と発音を確認しよう

| | | |
|---|---|---|
| 501 □□ | **economics** [ì:kənámiks] | 名 経済学 |
| 502 □□ | **physics** [fíziks] | 名 物理学 |
| 503 □□ | **electronics** [ilèktrániks] | 名 電子工学 |
| 504 □□ | **confess** [kənfés] | 動 （悪事・秘密を）告白する、打ち明ける |

Q126の答え ㋓

# Q127

㋐ chemical

㋑ comical

㋒ ridiculous

㋓ humorous

▶ 意味と発音を確認しよう

| | | |
|---|---|---|
| 505 □□ | **chemical** [kémikəl] | 形 化学の；化学薬品による |
| 506 □□ | **comical** [kámikəl] | 形 滑稽な |
| 507 □□ | **ridiculous** [ridíkjuləs] | 形 ばかげた、滑稽な |
| 508 □□ | **humorous** [hjú:mərəs] | 形 おどけた、滑稽な |

# Q128

㋐ critical

㋑ judgemental

㋒ classical

㋓ faultfinding

▶ 意味と発音を確認しよう

| | | |
|---|---|---|
| 509 □□ | **critical** [krítikəl] | 形 批評の、批判的な；決定的な |
| 510 □□ | **judgemental** [dʒʌ̀dʒméntl] | 形 批判的な、すぐ決めつける |
| 511 □□ | **classical** [klǽsikəl] | 形 古典の |
| 512 □□ | **faultfinding** [fɔ́ːltfàindiŋ] | 形 とがめだてる、けちをつける |

# Q129

㋐ **drawing**

㋑ **drown**

㋒ **picture**

㋓ **illustration**

▶ 意味と発音を確認しよう

| | | |
|---|---|---|
| 513 □□ | **drawing** [drɔ́:iŋ] | 名 スケッチ、デッサン、線画 |
| 514 □□ | **drown** [dráun] | 動 溺れる；水浸しにする<br>注 無人機の「ドローン」は drone とつづる。 |
| 515 □□ | **picture** [píktʃər] | 名 絵、写真、画像、イメージ |
| 516 □□ | **illustration** [ìləstréiʃən] | 名 例、説明；挿絵、イラスト |

# Q130

㋐ **demand**

㋑ **amount**

㋒ **quantity**

㋓ **volume**

▶ 意味と発音を確認しよう

| | | |
|---|---|---|
| 517 □□ | **demand** [dimǽnd] | 動 要求する<br>注 on demand「オンデマンドで（要求に応じて）」 |
| 518 □□ | **amount** [əmáunt] | 名 量、総額<br>注 動詞で「全部で〜になる」。 |
| 519 □□ | **quantity** [kwántəti] | 名 量、総数<br>⇔ quality「質」 |
| 520 □□ | **volume** [válju:m] | 名 量、容積；（本の）1巻 |

# Q131

㋐ **command**

㋑ **common**

㋒ **ordinary**

㋓ **familiar**

▶ 意味と発音を確認しよう

| | | |
|---|---|---|
| 521 □□ | **command** [kəmǽnd] | 動 命令する、指揮する |
| 522 □□ | **common** [kɑ́mən] | 形 共通の、一般の、普通の |
| 523 □□ | **ordinary** [ɔ́:rdənèri] | 形 普通の |
| 524 □□ | **familiar** [fəmíljər] | 形 よく知られている、普通の；熟知している |

# Q132

㋐ **comment**

㋑ **opinion**

㋒ **remark**

㋓ **investment**

▶ 意味と発音を確認しよう

| | | |
|---|---|---|
| 525 □□ | **comment** [kάment] | 名 論評、批評、コメント |
| 526 □□ | **opinion** [əpínjən] | 名 意見 |
| 527 □□ | **remark** [rimάːrk] | 名 意見、見解；注目 |
| 528 □□ | **investment** [invéstmənt] | 名 投資 |

# Q133

㋐ check

㋑ examine

㋒ famine

㋓ inspect

▶ 意味と発音を確認しよう

|  |  |  |
|---|---|---|
| 529 □□ | **check** [tʃék] | 動 確認する、調査する、照合する |
| 530 □□ | **examine** [igzǽmin] | 動 検査する、調査する、考察する、試験する |
| 531 □□ | **famine** [fǽmin] | 名 飢饉 |
| 532 □□ | **inspect** [inspékt] | 動 調べる、点検する |

# Q134

㋐ angle

㋑ phrase

㋒ phase

㋓ aspect

▶ 意味と発音を確認しよう

|  |  |  |
|---|---|---|
| 533 □□ | **angle** [æŋgl] | 名 角度；視点、（問題などの）面 |
| 534 □□ | **phrase** [fréiz] | 名 句、表現、フレーズ |
| 535 □□ | **phase** [féiz] | 名 段階、状態、局面、フェーズ |
| 536 □□ | **aspect** [æspekt] | 名 側面、局面、見方 |

| Q134 の答え ㋑ |

# Q135

㋐ **vehicle**

㋑ **vice**

㋒ **immorality**

㋓ **sin**

▶ 意味と発音を確認しよう

|  |  |  |
|---|---|---|
| 537 □□ | **vehicle** [víːəkl] | 名 乗り物；媒介となるもの |
| 538 □□ | **vice** [váis] | 名 悪<br>注 役職の「副～」を意味する接頭語と同じスペル。 |
| 539 □□ | **immorality** [imərǽləti] | 名 不道徳 |
| 540 □□ | **sin** [sín] | 名 （宗教上・道徳上の）罪、過ち |

# Q136

㋐ **shortcoming**

㋑ **short-term**

㋒ **weakness**

㋓ **fault**

▶ 意味と発音を確認しよう

|  |  |  |
|---|---|---|
| 541 □□ | **shortcoming** [ʃɔ́:rtkʌ̀miŋ] | 名 欠点、短所 |
| 542 □□ | **short-term** [ʃɔ́:rttə́:rm] | 形 短期の<br>注 short-tempered「短気な」 |
| 543 □□ | **weakness** [wí:knis] | 名 弱さ；弱点、欠点、短所 |
| 544 □□ | **fault** [fɔ́:lt] | 名 欠点；誤り、過失 |

# Q137

㋐ applaud

㋑ congratulate

㋒ calculate

㋓ admire

▶ 意味と発音を確認しよう

| | | |
|---|---|---|
| 545 □□ | **applaud** [əplɔ́ːd] | 動 称賛する<br>注 applause「（拍手による）承認、称賛」 |
| 546 □□ | **congratulate** [kəngrǽtʃulèit] | 動 祝う<br>注 “Conglaturations!”「おめでとう！」 |
| 547 □□ | **calculate** [kǽlkjulèit] | 動 計算する |
| 548 □□ | **admire** [ædmáiər] | 動 感嘆する、褒める |

# Q138

㋐ **instrument**

㋑ **device**

㋒ **tool**

㋓ **appointment**

▶ 意味と発音を確認しよう

|  |  |  |
|---|---|---|
| 549 □□ | **instrument** [ínstrəmənt] | 名 道具、器具；楽器 |
| 550 □□ | **device** [diváis] | 名 装置、工夫、デバイス（コンピューターの周辺機器、情報端末） |
| 551 □□ | **tool** [tú:l] | 名 道具、仕事の必需品 |
| 552 □□ | **appointment** [əpɔ́intmənt] | 名 面会の約束、予約；任命、氏名 |

# Q139

㋐ **employee**

㋑ **colleague**

㋒ **co-worker**

㋓ **guarantee**

▶ 意味と発音を確認しよう

| | | |
|---|---|---|
| 553 □□ | **employee** [implɔ́iiː, èmplɔiíː] | 名 従業員 |
| 554 □□ | **colleague** [káliːg] | 名 同僚 |
| 555 □□ | **co-worker** [kóuwə̀ːrkər] | 名 仕事仲間 |
| 556 □□ | **guarantee** [gæ̀rəntíː] | 名 保証 |

# Q140

㋐ **committee**

㋑ **guess**

㋒ **congress**

㋓ **council**

▶ 意味と発音を確認しよう

| | | |
|---|---|---|
| 557 □□ | **committee** [kəmíti] | 名 委員会 |
| 558 □□ | **guess** [gés] | 動 推測する |
| 559 □□ | **congress** [káŋgris] | 名 議会、会議<br>注 Congress「アメリカの連邦議会」 |
| 560 □□ | **council** [káunsəl] | 名 会議、評議会 |

Q140の答え ㋑

# Q141

㋐ **fee**

㋑ **degree**

㋒ **extent**

㋓ **grade**

▶ 意味と発音を確認しよう

| | | |
|---|---|---|
| 561 □□ | **fee** [fí:] | 名 報酬、料金、手数料 |
| 562 □□ | **degree** [digrí:] | 名 程度、等級；学位 |
| 563 □□ | **extent** [ikstént] | 名 広さ、大きさ、程度、範囲 |
| 564 □□ | **grade** [gréid] | 名 階級、度合い、程度；評点 |

# Q142

㋐ strict

㋑ cruel

㋒ fuel

㋓ harsh

▶ 意味と発音を確認しよう

| | | |
|---|---|---|
| 565 □□ | **strict** [stríkt] | 形 厳しい、厳密な |
| 566 □□ | **cruel** [krúːəl] | 形 残酷な、容赦のない |
| 567 □□ | **fuel** [fjúːəl] | 名 燃料 |
| 568 □□ | **harsh** [hάːrʃ] | 形 厳しい、残酷な、辛辣な |

| Q142の答え ㋒ |

# Q143

㋐ **act**

㋑ **conduct**

㋒ **breathe**

㋓ **behave**

▶ 意味と発音を確認しよう

| | | |
|---|---|---|
| 569 □□ | **act** [ǽkt] | 動 行動する、実行する、振る舞う |
| 570 □□ | **conduct** [kəndʌ́kt] | 動 ふるまう；実施する；導く、案内する；指揮する |
| 571 □□ | **breathe** [bríːð] | 動 呼吸する<br>注 inhale「吸いこむ」 exhale「吐き出す」 |
| 572 □□ | **behave** [bihéiv] | 動 振る舞う、行儀よくする |

# Q144

㋐ **bleed**

㋑ **breed**

㋒ **species**

㋓ **type**

▶ 意味と発音を確認しよう

| | | |
|---|---|---|
| 573 □□ | **bleed** [blíːd] | 動 出血する<br>注 blood「血液」 |
| 574 □□ | **breed** [bríːd] | 名 品種、血統；種類<br>注 動詞で「繁殖させる」。 |
| 575 □□ | **species** [spíːʃiːz] | 名 種（しゅ）、種類 |
| 576 □□ | **type** [táip] | 名 型、様式、典型、種類 |

# Q145

㋐ **breeze**

㋑ **freeze**

㋒ **air**

㋓ **wind**

▶ 意味と発音を確認しよう

| | | |
|---|---|---|
| 577 □□ | **breeze** [brí:z] | 名 そよ風 |
| 578 □□ | **freeze** [frí:z] | 動 凍る；じっとして動かない；凍らせる；ぞっとさせる |
| 579 □□ | **air** [ɛ́ər] | 名 空気、大気；雰囲気；微風 |
| 580 □□ | **wind** [wínd] | 名 風 |

 | Q145 の答え ㋑ |

# Q146

㋐ **bride**

㋑ **brave**

㋒ **courageous**

㋓ **bold**

▶ 意味と発音を確認しよう

| | | |
|---|---|---|
| 581 □□ | **bride** [bráid] | 名 花嫁、新婦<br>⇔ groom「花婿、新郎」 |
| 582 □□ | **brave** [bréiv] | 形 勇敢な |
| 583 □□ | **courageous** [kəréidʒəs] | 形 勇敢な |
| 584 □□ | **bold** [bóuld] | 形 大胆な、勇気のある；太字の、目立つ |

# Q147

㋐ clothes

㋑ clothing

㋒ costume

㋓ cuisine

▶ 意味と発音を確認しよう

| | | |
|---|---|---|
| 585 □□ | **clothes** [klóuz, klóuðz] | 名 衣服<br>注 cloth「布」 |
| 586 □□ | **clothing** [klóuðiŋ] | 名 衣類 |
| 587 □□ | **costume** [kástjuːm] | 名 衣装、服装 |
| 588 □□ | **cuisine** [kwizíːn] | 名 料理 |

# Q148

㋐ **regardless of**

㋑ **in spite of**

㋒ **despite**

㋓ **site**

▶ 意味と発音を確認しよう

| No. | 語句 | 意味 |
|---|---|---|
| 589 □□ | **regardless of** [rigɑ́ːrdlis əv] | 前 ～にかかわらず、～を考えず |
| 590 □□ | **in spite of** [in spáit əv] | 前 ～にもかかわらず |
| 591 □□ | **despite** [dispáit] | 前 ～にもかかわらず |
| 592 □□ | **site** [sáit] | 名 場所、敷地、現場 |

# Q149

㋐ inner

㋑ inside

㋒ funeral

㋓ internal

▶ 意味と発音を確認しよう

| | | |
|---|---|---|
| 593 □□ | **inner** [ínər] | 形 内側の、内部の |
| 594 □□ | **inside** [ìnsáid] | 形 内側の、内部の |
| 595 □□ | **funeral** [fjú:nərəl] | 名 葬式 |
| 596 □□ | **internal** [intə́:rnl] | 形 内部の<br>⇔ external「外部の」 |

# Q150

㋐ resign

㋑ assign

㋒ step down

㋓ retire

▶ 意味と発音を確認しよう

| | | |
|---|---|---|
| 597 □□ | **resign** [rizáin] | 動 辞職する、辞任する |
| 598 □□ | **assign** [əsáin] | 動 割り当てる、任命する |
| 599 □□ | **step down** [stép dáun] | 動 辞める、退陣する |
| 600 □□ | **retire** [ritáiər] | 動 引退する、退く |

# Q151

㋐ **design**

㋑ **dine**

㋒ **feed**

㋓ **eat**

▶ 意味と発音を確認しよう

| | | |
|---|---|---|
| 601 □□ | **design** [dizáin] | 名 デザイン、図案、設計図 |
| 602 □□ | **dine** [dáin] | 動 食事をとる<br>注 dinner「食事」 |
| 603 □□ | **feed** [fí:d] | 動 食べ物・えさ・養分を与える<br>注 food「食べ物」 |
| 604 □□ | **eat** [í:t] | 動 食べる |



Q151の答え ㋐

# Q152

㋐ cite

㋑ sight

㋒ view

㋓ scenery

▶ 意味と発音を確認しよう

| | | |
|---|---|---|
| 605 □□ | **cite** [sáit] | 動 引用する、言及する |
| 606 □□ | **sight** [sáit] | 名 視力；視界、光景、風景 |
| 607 □□ | **view** [vjúː] | 名 視野；光景、眺め；見解 |
| 608 □□ | **scenery** [síːnəri] | 名 風景、景色 |

Q152の答え ㋐

# Q153

㋐ **fasten**

㋑ **tighten**

㋒ **widen**

㋓ **kindergarten**

▶ 意味と発音を確認しよう

|  |  |  |
|---|---|---|
| 609 □□ | **fasten** [fǽsn] | 動 固定する、結び付ける<br>注 "Fasten your seatbelt."「シートベルトをお締めください」 |
| 610 □□ | **tighten** [táitn] | 動 ぴんと張る、締める、きつくする |
| 611 □□ | **widen** [wáidn] | 動 広くする；広くなる |
| 612 □□ | **kindergarten** [kíndərgɑ̀ːrtn] | 名 幼稚園<br>注 -garden と書き間違える人が多いので注意。 |

# Q154

㋐ **increase**

㋑ **shrink**

㋒ **expand**

㋓ **extend**

▶ 意味と発音を確認しよう

| | | |
|---|---|---|
| 613 □□ | **increase** [inkríːs] | 動 増える；増やす、拡大する |
| 614 □□ | **shrink** [ʃríŋk] | 動 縮む、減少する；萎縮する |
| 615 □□ | **expand** [ikspǽnd] | 動 広げる、拡大する；広がる |
| 616 □□ | **extend** [iksténd] | 動 伸ばす、広げる、拡大する；伸びる、広がる |

# Q155

㋐ **decrease**

㋑ **gain**

㋒ **earn**

㋓ **acquire**

▶ 意味と発音を確認しよう

| | | |
|---|---|---|
| 617 □□ | **decrease** [dikríːs] | 動 減少する、縮小する、低下する、衰える |
| 618 □□ | **gain** [géin] | 動 得る |
| 619 □□ | **earn** [ə́ːrn] | 動 稼ぐ、得る |
| 620 □□ | **acquire** [əkwáiər] | 動 得る、獲得する、身に付ける |

# Q156

㋐ **return**

㋑ **resume**

㋒ **assume**

㋓ **renew**

▶ 意味と発音を確認しよう

|  |  |  |
|---|---|---|
| 621 □□ | **return** [ritə́ːrn] | 動 戻る；戻す、回復する |
| 622 □□ | **resume** [rizúːm] | 動 再開する、取り戻す |
| 623 □□ | **assume** [əsúːm] | 動 想定する、～だとみなす |
| 624 □□ | **renew** [rinjúː] | 動 一新する、更新する、再開する、回復する |

# Q157

㋐ **total**

㋑ **add up to**

㋒ **amount to**

㋓ **install**

▶ 意味と発音を確認しよう

| | | |
|---|---|---|
| 625 □□ | **total** [tóutl] | 動 総計で～になる<br>注 形容詞で「総計の、全部の」。 |
| 626 □□ | **add up to** [ǽd ʌ́p tu] | 動 合計～になる、結局～になる<br>= sum up to |
| 627 □□ | **amount to** [əmáunt tu] | 動 全部で～になる |
| 628 □□ | **install** [instɔ́:l] | 動 取り付ける、設置する、インストールする |

# Q158

㋐ **endure**

㋑ **encounter**

㋒ **put up with**

㋓ **stand**

▶ 意味と発音を確認しよう

|  |  |  |
|---|---|---|
| 629 □□ | **endure** [indjúər] | 動 耐える、我慢する、持ちこたえる |
| 630 □□ | **encounter** [inkáuntər] | 動 出会う、遭遇する |
| 631 □□ | **put up with** [pút ʌ́p wíð] | 動 我慢する |
| 632 □□ | **stand** [stǽnd] | 動 立つ；持ちこたえる、耐える |

# Q159

㋐ **ensure**

㋑ **endure**

㋒ **bear**

㋓ **hold**

▶ 意味と発音を確認しよう

| | | |
|---|---|---|
| 633 □□ | **ensure** [inʃúər] | 動 確実にする、保証する |
| 634 □□ | **endure** [indjúər] | 動 耐える、我慢する、持ちこたえる |
| 635 □□ | **bear** [béər] | 動 耐える、我慢する |
| 636 □□ | **hold** [hóuld] | 動 持つ、保つ；耐える、持ちこたえる |

# Q160

㋐ talk

㋑ gossip

㋒ rumor

㋓ author

▶ 意味と発音を確認しよう

| | | |
|---|---|---|
| 637 □□ | **talk** [tɔ́ːk] | 名 話、相談、協議、うわさ |
| 638 □□ | **gossip** [gɑ́səp] | 名 うわさ、世間話 |
| 639 □□ | **rumor** [rúːmər] | 名 うわさ |
| 640 □□ | **author** [ɔ́ːθər] | 名 著者、作者 |

# Q161

㋐ **decline**

㋑ **define**

㋒ **refuse**

㋓ **reject**

▶ 意味と発音を確認しよう

| | | |
|---|---|---|
| 641 □□ | **decline** [dikláin] | 動 傾く；衰える；断る |
| 642 □□ | **define** [difáin] | 動 定義する |
| 643 □□ | **refuse** [rifjú:z] | 動 断る、拒否する |
| 644 □□ | **reject** [ridʒékt] | 動 拒否する、退ける、却下する |



Q161の答え ㋑

# Q162

㋐ **delay**

㋑ **relay**

㋒ **carry**

㋓ **convey**

▶ 意味と発音を確認しよう

|  |  |  |
|---|---|---|
| 645 □□ | **delay** [diléi] | 動 遅らせる；遅れる |
| 646 □□ | **relay** [rí:lei, riléi] | 動 中継する、伝える、交替する |
| 647 □□ | **carry** [kǽri] | 動 運ぶ、伝える；携える |
| 648 □□ | **convey** [kənvéi] | 動 運ぶ、伝達する |

Q162の答え ㋐

# Q163

㋐ **rely**

㋑ **reply**

㋒ **depend**

㋓ **lean**

▶ 意味と発音を確認しよう

| | | |
|---|---|---|
| 649 □□ | **rely** [rilái] | 動 頼る、あてにする |
| 650 □□ | **reply** [riplái] | 動 返事をする、答える |
| 651 □□ | **depend** [dipénd] | 動 頼る、あてにする；～次第だ |
| 652 □□ | **lean** [lí:n] | 動 もたれる；頼る；傾く<br>注「やせている」という意味の形容詞と同じスペル。 |

# Q164

㋐ **submit**

㋑ **hand in**

㋒ **turn in**

㋓ **submarine**

▶ 意味と発音を確認しよう

| | | |
|---|---|---|
| 653 □□ | **submit** [səbmít] | 動 提出する；服従させる |
| 654 □□ | **hand in** [hǽnd ín] | 動 提出する |
| 655 □□ | **turn in** [tə́ːrn in] | 動 提出する |
| 656 □□ | **submarine** [sʌ́bməríːn] | 名 潜水艦 |

Q164の答え ㋓

# Q165

㋐ **indeed**

㋑ **really**

㋒ **initially**

㋓ **actually**

▶ 意味と発音を確認しよう

| | | |
|---|---|---|
| 657 □□ | **indeed** [indí:d] | 副 本当に、全く、実に |
| 658 □□ | **really** [rí:əli] | 副 実際は、本当は、実に、とても |
| 659 □□ | **initially** [iníʃəli] | 副 はじめに、最初は |
| 660 □□ | **actually** [ǽktʃuəli] | 副 実際に、実は、本当は |

# Q166

㋐ **chore**

㋑ **duty**

㋒ **housework**

㋓ **firework**

▶ 意味と発音を確認しよう

| | | |
|---|---|---|
| 661 □□ | **chore** [tʃɔ́ːr] | 名 雑用、つまらない・決まり切った仕事、家事 |
| 662 □□ | **duty** [djúːti] | 名 義務；職務、務め |
| 663 □□ | **housework** [háuswə̀ːrk] | 名 家事 |
| 664 □□ | **firework** [fáiərwə̀ːrk] | 名 花火 |

# Q167

㋐ **otherwise**

㋑ **moreover**

㋒ **furthermore**

㋓ **besides**

▶ 意味と発音を確認しよう

| | | |
|---|---|---|
| 665 □□ | **otherwise** [ʌ́ðərwàiz] | 副 別のやり方で；その他の点で；さもなければ |
| 666 □□ | **moreover** [mɔːróuvər] | 副 さらに |
| 667 □□ | **furthermore** [fə́ːrðərmɔ̀ːr] | 副 なお、さらに、その上 |
| 668 □□ | **besides** [bisáidz] | 副 なお、その上<br>注 beside「～のそばで」 |

# Q168

㋐ suffer

㋑ offer

㋒ go through

㋓ grieve

▶ 意味と発音を確認しよう

| | | |
|---|---|---|
| 669 □□ | **suffer** [sʌ́fər] | 動 (苦痛などを) 経験する、苦しむ、病気を患う |
| 670 □□ | **offer** [ɔ́:fər] | 動 申し出る、差し出す |
| 671 □□ | **go through** [góu θrú:] | 動 通り抜ける；経験する、耐え抜く |
| 672 □□ | **grieve** [grí:v] | 動 悲嘆する、心を痛める |

Q168 の答え ㋑

# Q169

㋐ **tornado**

㋑ **bureau**

㋒ **flood**

㋓ **rainstorm**

▶ 意味と発音を確認しよう

| | | |
|---|---|---|
| 673 □□ | **tornado** [tɔːrnéidou] | 名 竜巻 |
| 674 □□ | **bureau** [bjúərou] | 名 （官庁の）局・部、事務局、案内所 |
| 675 □□ | **flood** [flʌ́d] | 名 洪水 |
| 676 □□ | **rainstorm** [réinstɔ̀ːrm] | 名 暴風雨<br>注 typhoon「台風」 hurricane「ハリケーン」 cyclone「サイクロン」 |



Q169の答え ㋑

# Q170

㋐ **storm**

㋑ **earthquake**

㋒ **landscape**

㋓ **landslide**

▶ 意味と発音を確認しよう

| | | |
|---|---|---|
| 677 □□ | **storm** [stɔ́ːrm] | 名 嵐 |
| 678 □□ | **earthquake** [ɔ́ːrθkwèik] | 名 地震 |
| 679 □□ | **landscape** [lǽndskèip] | 名 景色、風景 |
| 680 □□ | **landslide** [lǽndslàid] | 名 地滑り、がけ崩れ |

# Q171

㋐ landmark

㋑ ballpark

㋒ stadium

㋓ arena

▶ 意味と発音を確認しよう

| | | |
|---|---|---|
| 681 □□ | **landmark** [lǽndmɑ̀ːrk] | 名 （陸地の）目印 |
| 682 □□ | **ballpark** [bɔ́ːlpɑ̀ːrk] | 名 野球場 |
| 683 □□ | **stadium** [stéidiəm] | 名 競技場、野球場 |
| 684 □□ | **arena** [əríːnə] | 名 競技場、闘技場 |

# Q172

㋐ criteria

㋑ cafeteria

㋒ standard

㋓ basis

▶ 意味と発音を確認しよう

| | | |
|---|---|---|
| 685 □□ | **criteria** [kraitíəriə] | 名 基準<br>注 criterion「基準」の複数形です。 |
| 686 □□ | **cafeteria** [kæfətíəriə] | 名 カフェテリア（セルフサービスの食堂） |
| 687 □□ | **standard** [stǽndərd] | 名 標準、基準 |
| 688 □□ | **basis** [béisis] | 名 基礎、基準 |

| Q172の答え ㋑ |

# Q173

㋐ **bacteria**

㋑ **virus**

㋒ **germ**

㋓ **charm**

▶ 意味と発音を確認しよう

| | | |
|---|---|---|
| 689 □□ | **bacteria** [bæktíəriə] | 名 バクテリア |
| 690 □□ | **virus** [váiərəs] | 名 ウイルス<br>注 Coronavirus disease 2019 (COVID-19)「新型コロナウイルス感染症」 |
| 691 □□ | **germ** [dʒə́ːrm] | 名 細菌、病原菌 |
| 692 □□ | **charm** [tʃáːrm] | 名 魅力；お守り |

# Q174

㋐ alarm

㋑ alert

㋒ dessert

㋓ warning

▶ 意味と発音を確認しよう

|  |  |  |
|---|---|---|
| 693 □□ | alarm [əlɑ́ːrm] | 名 警報；目覚まし時計 |
| 694 □□ | alert [əlɔ́ːrt] | 名 警報 |
| 695 □□ | dessert [dizə́ːrt] | 名 デザート<br>注 desert「砂漠」 |
| 696 □□ | warning [wɔ́ːrniŋ] | 名 警告、警報 |

Q174の答え ㋒

# Q175

㋐ **leadership**

㋑ **hardship**

㋒ **difficulty**

㋓ **trouble**

▶ 意味と発音を確認しよう

| | | |
|---|---|---|
| 697 □□ | **leadership** [lí:dərʃip] | 名 統率力、リーダーシップ |
| 698 □□ | **hardship** [há:rdʃip] | 名 苦難 |
| 699 □□ | **difficulty** [dífikʌlti] | 名 困難、難点 |
| 700 □□ | **trouble** [trʌ́bl] | 名 迷惑、もめ事、困難 |

# Q176

㋐ scholarship

㋑ grant

㋒ fellowship

㋓ steamship

▶ 意味と発音を確認しよう

| | | |
|---|---|---|
| 701 □□ | **scholarship** [skálərʃìp] | 名 奨学金 |
| 702 □□ | **grant** [grǽnt] | 名 認可；補助金、奨学金 |
| 703 □□ | **fellowship** [féloufìp] | 名 親睦、団体；研究奨励金 |
| 704 □□ | **steamship** [stí:mʃìp] | 名 蒸気船 |

Q176 の答え ㋓

# Q177

㋐ **flagship**

㋑ **membership**

㋒ **relationship**

㋓ **friendship**

▶ 意味と発音を確認しよう

| | | |
|---|---|---|
| 705 □□ | **flagship** [flǽgʃip] | 名 旗艦；グループ内で最重要のもの |
| 706 □□ | **membership** [mémbərʃip] | 名 一員・会員であること、会員権 |
| 707 □□ | **relationship** [riléiʃənʃip] | 名 関係、つながり、付き合い |
| 708 □□ | **friendship** [fréndʃip] | 名 友人であること、親睦、友情 |

# Q178

㋐ **championship**

㋑ **tournament**

㋒ **contest**

㋓ **partnership**

▶ 意味と発音を確認しよう

|  |  |  |
|---|---|---|
| 709 □□ | **championship** [tʃǽmpiənʃip] | 名 選手権、優勝 |
| 710 □□ | **tournament** [túərnəmənt] | 名 勝ち抜き戦、トーナメント |
| 711 □□ | **contest** [kántest] | 名 競争、競演、コンテスト |
| 712 □□ | **partnership** [pάːrtnərʃip] | 名 提携、協調<br>注 -shipは「状態、身分」という意味の接尾語です。 |

# Q179

㋐ **competition**

㋑ **repetiton**

㋒ **match**

㋓ **game**

▶ 意味と発音を確認しよう

| | | |
|---|---|---|
| 713 □□ | **competition** [kàmpətíʃən] | 名 競争 |
| 714 □□ | **repetition** [rèpətíʃən] | 名 繰り返し、反復 |
| 715 □□ | **match** [mǽtʃ] | 名 試合；対戦相手 |
| 716 □□ | **game** [géim] | 名 遊び；試合、競技 |

# Q180

㋐ **perhaps**

㋑ **possibly**

㋒ **probably**

㋓ **certainly**

▶ 意味と発音を確認しよう

| | | |
|---|---|---|
| 717 □□ | **perhaps** [pərhǽps] | 副 あるいは、ひょっとしたら |
| 718 □□ | **possibly** [pɑ́səbli] | 副 あるいは、ひょっとしたら |
| 719 □□ | **probably** [prɑ́bəbli] | 副 たぶん、おそらく |
| 720 □□ | **certainly** [sə́ːrtnli] | 副 確かに、もちろん |

# Q181

㋐ definitely

㋑ completely

㋒ hardly

㋓ absolutely

▶ 意味と発音を確認しよう

|  |  |  |
|---|---|---|
| 721 □□ | **definitely** [défənitli] | 副 確かに、全く |
| 722 □□ | **completely** [kəmplí:tli] | 副 完全に、すっかり |
| 723 □□ | **hardly** [há:rdli] | 副 ほとんど～ない |
| 724 □□ | **absolutely** [æbsəlú:tli] | 副 絶対に、全く |

# Q182

㋐ range

㋑ extent

㋒ laboratory

㋓ territory

▶ 意味と発音を確認しよう

| | | |
|---|---|---|
| 725 □□ | **range** [réindʒ] | 名 範囲、領域、幅 |
| 726 □□ | **extent** [ikstént] | 名 広さ、大きさ、程度、範囲 |
| 727 □□ | **laboratory** [lǽbərətɔ̀:ri] | 名 実験室、研究室 |
| 728 □□ | **territory** [térətɔ̀:ri] | 名 領土、領域、なわばり |

Q182の答え ㋒

# Q183

㋐ **genuine**

㋑ **artificial**

㋒ **unnatural**

㋓ **man-made**

▶ 意味と発音を確認しよう

|  |  |  |
|---|---|---|
| 729 □□ | **genuine** [dʒénjuin] | 形 本物の、真の、純粋な<br>⇔ fake「偽の」 |
| 730 □□ | **artificial** [àːrtəfíʃəl] | 形 人工の；わざとらしい |
| 731 □□ | **unnatural** [ʌnnǽtʃərəl] | 形 不自然な；わざとらしい |
| 732 □□ | **man-made** [mǽnméid] | 形 人造の、人工の |

# Q184

㋐ general

㋑ genetic

㋒ generic

㋓ universal

▶ 意味と発音を確認しよう

| | | |
|---|---|---|
| 733 □□ | **general** [dʒénərəl] | 形 一般の、総合的な<br>⇔ special「特別な、特殊な」 |
| 734 □□ | **genetic** [dʒənétik] | 形 遺伝子の<br>注 gene「遺伝子」 |
| 735 □□ | **generic** [dʒenérik] | 形 一般的な；ノーブランドの |
| 736 □□ | **universal** [jù:nəvə́:rsəl] | 形 万国の、万人の；普遍的な、一般的な |

# Q185

㋐ **particular**

㋑ **public**

㋒ **unique**

㋓ **special**

▶ 意味と発音を確認しよう

| | | |
|---|---|---|
| 737 □□ | **particular** [pərtíkjulər] | 形 特定の、特別の |
| 738 □□ | **public** [pʌ́blik] | 形 公共の、公開の<br>注 名詞で「人々、大衆」。 |
| 739 □□ | **unique** [juːníːk] | 形 唯一の、独特の、特有の |
| 740 □□ | **special** [spéʃəl] | 形 特別な、特殊な |

# Q186

㋐ generous

㋑ serious

㋒ dangerous

㋓ threatening

▶ 意味と発音を確認しよう

| | | |
|---|---|---|
| 741 □□ | **generous** [dʒénərəs] | 形 気前のよい、寛容な |
| 742 □□ | **serious** [síəriəs] | 形 まじめな；重大な、深刻な |
| 743 □□ | **dangerous** [déindʒərəs] | 形 危険な |
| 744 □□ | **threatening** [θrétniŋ] | 形 悪いことが起こりそうな<br>注 threaten「脅す」 |

# Q187

㋐ **nervous**

㋑ **anxious**

㋒ **various**

㋓ **uneasy**

▶ 意味と発音を確認しよう

|  |  |  |
| --- | --- | --- |
| 745 □□ | **nervous** [nə́ːrvəs] | 形 神経質な、いらいらした、不安な |
| 746 □□ | **anxious** [ǽŋkʃəs] | 形 心配な、気がかりな；切望する |
| 747 □□ | **various** [vέəriəs] | 形 さまざまな、いろいろな<br>注 vary「変わる、異なる」 |
| 748 □□ | **uneasy** [ʌníːzi] | 形 不安な、心配な、落ち着かない |

# Q188

㋐ visible

㋑ apparent

㋒ obvious

㋓ furious

▶ 意味と発音を確認しよう

| | | |
|---|---|---|
| 749 □□ | **visible** [vízəbl] | 形 見える、目立つ |
| 750 □□ | **apparent** [əpǽrənt] | 形 明らかな、はっきり見える |
| 751 □□ | **obvious** [ábviəs] | 形 明らかな、明白な |
| 752 □□ | **furious** [fjúəriəs] | 形 怒り狂った |

Q188 の答え ㋓

# Q189

㋐ aspiring

㋑ detemined

㋒ ambitious

㋓ curious

▶ 意味と発音を確認しよう

| | | |
|---|---|---|
| 753 □□ | **aspiring** [əspáiəriŋ] | 形 向上心・野心のある |
| 754 □□ | **determined** [ditə́ːrmind] | 形 固く決心した、断固とした |
| 755 □□ | **ambitious** [æmbíʃəs] | 形 野心的な |
| 756 □□ | **curious** [kjúəriəs] | 形 好奇心の強い；好奇心をそそる、おかしな |



Q189 の答え ㋓

# Q190

㋐ **aware**

㋑ **jealous**

㋒ **conscious**

㋓ **mindful**

▶ 意味と発音を確認しよう

| | | |
|---|---|---|
| 757 □□ | **aware** [əwέər] | 形 気が付いて、意識して |
| 758 □□ | **jealous** [dʒéləs] | 形 嫉妬して |
| 759 □□ | **conscious** [kánʃəs] | 形 意識している、気付いている |
| 760 □□ | **mindful** [máindfəl] | 形 心にとどめている、注意している |

Q190 の答え ㋑

# Q191

㋐ typical

㋑ commercial

㋒ representative

㋓ classic

▶ 意味と発音を確認しよう

| | | |
|---|---|---|
| 761 □□ | **typical** [típikəl] | 形 典型的な、～を代表する |
| 762 □□ | **commercial** [kəmə́ːrʃəl] | 形 商業の、市販の |
| 763 □□ | **representative** [rèprizéntətiv] | 形 代表する、典型的な<br>注 名詞で「代理人、使節」。 |
| 764 □□ | **classic** [klǽsik] | 形 古典の；典型的な |

# Q192

㋐ annoyed

㋑ avoid

㋒ run away

㋓ escape

▶ 意味と発音を確認しよう

|  |  |  |
|---|---|---|
| 765 □□ | **annoyed** [ənɔ́id] | 形 困っている、いらいらした |
| 766 □□ | **avoid** [əvɔ́id] | 動 避ける |
| 767 □□ | **run away** [rʌ́n əwéi] | 動 逃げる |
| 768 □□ | **escape** [iskéip] | 動 逃げる、逃避する |

# Q193

㋐ **organic**

㋑ **panic**

㋒ **anxiety**

㋓ **terror**

▶ 意味と発音を確認しよう

|  |  |  |
|---|---|---|
| 769 □□ | **organic** [ɔːrgǽnik] | 形 有機の；内臓器官の |
| 770 □□ | **panic** [pǽnik] | 名 恐怖、狼狽、パニック |
| 771 □□ | **anxiety** [æŋzáiəti] | 名 心配、不安<br>注 anxious「心配な、気がかりな」 |
| 772 □□ | **terror** [térər] | 名 恐怖 |

# Q194

㋐ **scare**

㋑ **frighten**

㋒ **flight**

㋓ **terrify**

▶ 意味と発音を確認しよう

|  |  |  |
|---|---|---|
| 773 □□ | **scare** [skéər] | 動 怖がらせる<br>注 scary「怖い」 |
| 774 □□ | **frighten** [fráitn] | 動 怖がらせる |
| 775 □□ | **flight** [fláit] | 名 飛行、航空、便 |
| 776 □□ | **terrify** [térəfài] | 動 怖がらせる |

Q194 の答え ㋒

# Q195

㋐ **scar**

㋑ **bother**

㋒ **annoy**

㋓ **disturb**

▶ 意味と発音を確認しよう

|  |  |  |
|---|---|---|
| 777 □□ | **scar** [skɑ́ːr] | 名 傷跡 |
| 778 □□ | **bother** [bɑ́ðər] | 動 悩ます、困らせる |
| 779 □□ | **annoy** [ənɔ́i] | 動 いらだたせる、悩ます |
| 780 □□ | **disturb** [distə́ːrb] | 動 妨げる；(平穏を) かき乱す、迷惑をかける |



Q195 の答え ㋐

# Q196

㋐ **bore**

㋑ **exhaust**

㋒ **wear out**

㋓ **forecast**

▶ 意味と発音を確認しよう

| | | |
|---|---|---|
| 781 □□ | **bore** [bɔ́ːr] | 動 うんざりさせる、退屈させる |
| 782 □□ | **exhaust** [igzɔ́ːst] | 動 使い果たす；疲れさせる、疲弊させる |
| 783 □□ | **wear out** [wέər áut] | 動 使い古す、使い切る、すり減らす、疲れさせる |
| 784 □□ | **forecast** [fɔ́ːrkæ̀st, -kɑ̀ːst] | 名 （天気）予報<br>注 動詞で「予報・予測する」。 |

# Q197

㋐ stay

㋑ obtain

㋒ remain

㋓ hold on

▶ 意味と発音を確認しよう

| | | |
|---|---|---|
| 785 □□ | **stay** [stéi] | 動 とどまる、じっとしている、〜のままでいる |
| 786 □□ | **obtain** [əbtéin] | 動 得る、獲得する |
| 787 □□ | **remain** [riméin] | 動 とどまる、〜のままでいる |
| 788 □□ | **hold on** [hóuld ən] | 動 続ける、頑張る；電話を切らずに待つ |

# Q198

㋐ **prevent**

㋑ **pretend**

㋒ **interfere**

㋓ **keep ~ from …**

▶ 意味と発音を確認しよう

|  |  |  |
|---|---|---|
| 789 □□ | **prevent** [privént] | 動 防ぐ、妨げる、～させない |
| 790 □□ | **pretend** [priténd] | 動 ～のふりをする、装う |
| 791 □□ | **interfere** [ìntərfíər] | 動 干渉する、妨げる |
| 792 □□ | **keep ~ from …** [kí:p] ~ [frəm]… | 動 ～に…させない |

| Q198の答え ㋑ |

# Q199

㋐ **imitate**

㋑ **pretend**

㋒ **make sure**

㋓ **make believe**

▶ 意味と発音を確認しよう

|  |  |  |
|---|---|---|
| 793 □□ | **imitate** [ímətèit] | 動 模倣する、まねる |
| 794 □□ | **pretend** [priténd] | 動 ～のふりをする、装う |
| 795 □□ | **make sure** [méik ʃúər] | 動 確かめる；確実に～する |
| 796 □□ | **make believe** [méik bilíːv] | 動 ～のふりをする、～と見せかける |

# Q200

㋐ **period**

㋑ **term**

㋒ **length**

㋓ **rhythm**

▶ 意味と発音を確認しよう

|  |  |  |
|---|---|---|
| 797 □□ | **period** [píəriəd] | 名 期間、時期、段階、周期 |
| 798 □□ | **term** [tə́ːrm] | 名 期間、学期<br>注「用語」という意味もあります。 |
| 799 □□ | **length** [léŋkθ, léŋθ] | 名 長さ；期間、範囲 |
| 800 □□ | **rhythm** [ríðm] | 名 リズム |

## まとめて覚えよう② 複数形に注意が必要な単語

ラテン語系とギリシャ語系の名詞の複数形は、スペルと発音に気をつけて。

| 単数形 | 複数形 | 意味 |
|---|---|---|
| alga | algae | 藻 |
| alumnus | alumni | 卒業生、校友 |
| analysis | analyses | 分析 |
| antenna | antennae | 触角 ※ |
| appendix | appendices | 付録、補遺 |
| axis | axes | 軸 |
| **bacteria** | bacterium | バクテリア |
| basis | bases | 基礎、論拠 |
| cactus | cacti | サボテン |
| crisis | crises | 危機 |
| criterion | **criteria** | 基準 |
| datum | data | データ |
| diagnosis | diagnoses | 診断 |
| **focus** | foci | 焦点 |
| formula | formulae | (数学などの) 公式 |
| fungus | fungi | 菌類 |
| medium | media | 媒介 |
| memorandum | memoranda | 覚え書き |
| **phenomenon** | phenomena | 現象 |
| radius | radii | 半径 |
| stimulus | stimuli | 刺激 |
| thesis | theses | 論文 |

※「アンテナ」の意味のときの複数形は antennas

# Exercise 3

## Q201 ～ Q300

1問につき1点換算でスコアを付け、
全問正解を目指しましょう。

| 1周目スコア | 2周目スコア | 3周目スコア |
|---|---|---|
| / 100 | / 100 | / 100 |

# Q201

㋐ **flour**

㋑ **powder**

㋒ **dust**

㋓ **liquid**

▶ 意味と発音を確認しよう

| | | |
|---|---|---|
| 801 □□ | **flour** [fláuər] | 名 小麦粉、粉 |
| 802 □□ | **powder** [páudər] | 名 粉、粉末、パウダー |
| 803 □□ | **dust** [dʌ́st] | 名 ちり、ほこり；粉末 |
| 804 □□ | **liquid** [líkwid] | 名 液体 |

# Q202

㋐ **meanwhile**

㋑ **worthwhile**

㋒ **in the mean time**

㋓ **meantime**

▶ 意味と発音を確認しよう

| | | |
|---|---|---|
| 805 □□ | **meanwhile** [mí:n*h*wàil] | 副 その間に、そうこうするうち；一方、それに対し；同時に |
| 806 □□ | **worthwhile** [wə́:*r*θ*h*wáil] | 形 （時間や金をかける）価値のある、やりがいのある |
| 807 □□ | **in the mean time** [in ðə mí:n táim] | 副 その間に、そうこうするうち |
| 808 □□ | **meantime** [mí:ntàim] | 副 その間に、そうこうするうち |

# Q203

㋐ reliable

㋑ trustworthy

㋒ troublesome

㋓ dependable

▶ 意味と発音を確認しよう

|  |  |  |
|---|---|---|
| 809 □□ | **reliable** [riláiəbl] | 形 頼りになる、確かな |
| 810 □□ | **trustworthy** [trʌ́stwə̀ːrði] | 形 信頼できる、あてになる |
| 811 □□ | **troublesome** [trʌ́blsəm] | 形 やっかいな、面倒な |
| 812 □□ | **dependable** [dipéndəbl] | 形 頼りになる、信頼できる |

# Q204

㋐ **form**

㋑ **farm**

㋒ **greenhouse**

㋓ **agriculture**

▶ 意味と発音を確認しよう

|  |  |  |
|---|---|---|
| 813 □□ | **form** [fɔ́ːrm] | 名 形、形式、型；申込用紙 |
| 814 □□ | **farm** [fɑ́ːrm] | 名 農地、農園 |
| 815 □□ | **greenhouse** [gríːnhàus] | 名 温室 |
| 816 □□ | **agriculture** [ǽgrikʌ̀ltʃər] | 名 農業 |

# Q205

㋐ **negative**

㋑ **positive**

㋒ **confident**

㋓ **favorable**

▶ 意味と発音を確認しよう

|  |  |  |
|---|---|---|
| 817 □□ | **negative** [négətiv] | 形 否定の、打ち消しの；マイナスの；陰性の |
| 818 □□ | **positive** [pázətiv] | 形 肯定的な、前向きな；自信のある；陽性の |
| 819 □□ | **confident** [kánfədənt] | 形 自信のある |
| 820 □□ | **favorable** [féivərəbl] | 形 好意的な、賛成の、承諾の |

# Q206

㋐ approximate

㋑ dominate

㋒ close

㋓ rough

▶ 意味と発音を確認しよう

| | | |
|---|---|---|
| 821 □□ | **approximate** [əprɑ́ksəmət] | 形 近い、近似の |
| 822 □□ | **dominate** [dɑ́mənèit] | 動 支配する、優位を占める |
| 823 □□ | **close** [klóus] | 形 近い、接近した；親しい；密の |
| 824 □□ | **rough** [rʌ́f] | 形 荒っぽい；おおよその |

Q206 の答え ㋑

# Q207

㋐ **appreciate**

㋑ **appropriate**

㋒ **comprehend**

㋓ **grasp**

▶ 意味と発音を確認しよう

| | | |
|---|---|---|
| 825 □□ | **appreciate** [əprí:ʃièit] | 動 高く評価する、正しく理解する；よさを味わう；感謝する |
| 826 □□ | **appropriate** [əpróupriət] | 形 適切な、ふさわしい |
| 827 □□ | **comprehend** [kàmprihénd] | 動 理解する、把握する |
| 828 □□ | **grasp** [grǽsp] | 動 握る、つかむ；理解する |

# Q208

㋐ moderate

㋑ extreme

㋒ average

㋓ mild

▶ 意味と発音を確認しよう

| | | |
|---|---|---|
| 829 □□ | **moderate** [mάdərət] | 形 適度な、穏やかな、極端ではない |
| 830 □□ | **extreme** [ikstríːm] | 形 極端な、過激な、最先端の |
| 831 □□ | **average** [ǽvəridʒ] | 形 平均の、普通の |
| 832 □□ | **mild** [máild] | 形 温厚な、穏やかな、極端ではない |

Q208 の答え ㋑

# Q209

㋐ revolution

㋑ evolution

㋒ development

㋓ growth

▶ 意味と発音を確認しよう

| | | |
|---|---|---|
| 833 □□ | **revolution** [rèvəljúːʃən] | 名 革命 |
| 834 □□ | **evolution** [èvəlúːʃən] | 名 発展、進化 |
| 835 □□ | **development** [divéləpmənt] | 名 発達、成長、進化；開発 |
| 836 □□ | **growth** [gróuθ] | 名 成長、発達 |

# Q210

㋐ estimate

㋑ evaluate

㋒ imitate

㋓ assess

▶ 意味と発音を確認しよう

|  |  |  |
|---|---|---|
| 837 □□ | estimate [éstəmèit] | 動 見積もる、評価する、判断する |
| 838 □□ | evaluate [ivæljuèit] | 動 評価する；数値を出す |
| 839 □□ | imitate [ímətèit] | 動 模倣する、まねる |
| 840 □□ | assess [əsés] | 動 査定する、評価・評定する |

# Q211

㋐ **habit**

㋑ **custom**

㋒ **fashion**

㋓ **habitat**

▶ 意味と発音を確認しよう

| | | |
|---|---|---|
| 841 □□ | **habit** [hǽbit] | 名 癖、習慣 |
| 842 □□ | **custom** [kʌ́stəm] | 名 習慣、風習、しきたり |
| 843 □□ | **fashion** [fǽʃən] | 名 流行、風習、やり方 |
| 844 □□ | **habitat** [hǽbitæ̀t] | 名 生息地、生育地 |

# Q212

㋐ **display**

㋑ **exhibit**

㋒ **show**

㋓ **inhabit**

▶ 意味と発音を確認しよう

| | | |
|---|---|---|
| 845 □□ | **display** [displéi] | 動 展示する、見せる、表示する |
| 846 □□ | **exhibit** [igzíbit] | 動 見せる、展示する、披露する |
| 847 □□ | **show** [ʃóu] | 動 見せる、示す、展示する |
| 848 □□ | **inhabit** [inhǽbit] | 動 居住する、～に存在する |

| Q212 の答え ㋓ |

# Q213

㋐ **assembly**

㋑ **reference**

㋒ **conference**

㋓ **gathering**

▶ 意味と発音を確認しよう

| | | |
|---|---|---|
| 849 □□ | **assembly** [əsémbli] | 名 会合、集会 |
| 850 □□ | **reference** [réfərəns] | 名 参考、参照、照会 |
| 851 □□ | **conference** [kɑ́nfərəns] | 名 協議、会議 |
| 852 □□ | **gathering** [gǽðəriŋ] | 名 集まり、集会；採集 |

# Q214

㋐ **prior**

㋑ **superior**

㋒ **previous**

㋓ **former**

▶ 意味と発音を確認しよう

| | | |
|---|---|---|
| 853<br>□□ | **prior**<br>[práiər] | 形 前の、先の、重要な<br>注 priority「優先」 |
| 854<br>□□ | **superior**<br>[supíəriər, sə-] | 形 ～より優れている |
| 855<br>□□ | **previous**<br>[príːviəs] | 形 以前の、前の |
| 856<br>□□ | **former**<br>[fɔ́ːrmər] | 形 前の、先の；前者の |

Q214の答え ㋑

# Q215

㋐ **coincidence**

㋑ **confidence**

㋒ **faith**

㋓ **assurance**

▶ 意味と発音を確認しよう

| | | |
|---|---|---|
| 857 □□ | **coincidence** [kouínsidəns] | 名 偶然の一致 |
| 858 □□ | **confidence** [kάnfədəns] | 名 信頼；自信 |
| 859 □□ | **faith** [féiθ] | 名 信頼；信仰 |
| 860 □□ | **assurance** [əʃúərəns] | 名 保証；確信、自信 |

# Q216

㋐ **unclear**

㋑ **vague**

㋒ **nuclear**

㋓ **mysterious**

▶ 意味と発音を確認しよう

| | | |
|---|---|---|
| 861 □□ | **unclear** [ʌ̀nklíər] | 形 はっきりしない、不明瞭な、不確かな |
| 862 □□ | **vague** [véig] | 形 はっきりしない、あいまいな、不確かな |
| 863 □□ | **nuclear** [njúːkliər] | 形 核の、核兵器の、原子力の |
| 864 □□ | **mysterious** [mistíəriəs] | 形 神秘的な、不可解な、はっきりしない |

# Q217

㋐ equal

㋑ identical

㋒ even

㋓ imperial

▶ 意味と発音を確認しよう

| | | |
|---|---|---|
| 865 □□ | **equal** [íːkwəl] | 形 等しい、同等の、平等の<br>注 equal pay「同一賃金」 |
| 866 □□ | **identical** [aidéntikəl] | 形 全く同じ、等しい、一致する |
| 867 □□ | **even** [íːvən] | 形 平らな；同等の、公平な、対等の |
| 868 □□ | **imperial** [impíəriəl] | 形 帝国の、皇帝の |

# Q218

㋐ **trial**

㋑ **tail**

㋒ **practice**

㋓ **rehearsal**

▶ 意味と発音を確認しよう

|  |  |  |
|---|---|---|
| 869 □□ | **trial** [tráiəl] | 名 試し；裁判；試練 |
| 870 □□ | **tail** [téil] | 名 尾、しっぽ、後部 |
| 871 □□ | **practice** [prǽktis] | 名 練習；実践；習慣 |
| 872 □□ | **rehearsal** [rihə́ːrsəl] | 名 リハーサル、試演 |

Q218の答え ㋑

# Q219

㋐ punish

㋑ publish

㋒ issue

㋓ print

▶ 意味と発音を確認しよう

| | | |
|---|---|---|
| 873 □□ | **punish** [pʌ́niʃ] | 動 罰する |
| 874 □□ | **publish** [pʌ́bliʃ] | 動 出版する、発行する；公布する |
| 875 □□ | **issue** [íʃuː] | 動 発行する；公布する<br>注 名詞で「発行」「論点」。 |
| 876 □□ | **print** [prínt] | 動 印刷する、出版する |

# Q220

㋐ **suitable**

㋑ **qualified**

㋒ **capable**

㋓ **provided**

▶ 意味と発音を確認しよう

| | | |
|---|---|---|
| 877 □□ | **suitable** [sú:təbl] | 形 ～に適した、ふさわしい |
| 878 □□ | **qualified** [kwɑ́ləfàid] | 形 資格のある、適任の |
| 879 □□ | **capable** [kéipəbl] | 形 有能な、可能な、～する資格のある |
| 880 □□ | **provided** [prəváidid] | 接 もし～なら、～という条件で |

Q220 の答え ㋓

# Q221

㋐ **official**

㋑ **legal**

㋒ **illegal**

㋓ **licensed**

▶ 意味と発音を確認しよう

| | | |
|---|---|---|
| 881 □□ | **official** [əfíʃəl] | 形 公式の、公認の |
| 882 □□ | **legal** [lí:gəl] | 形 法律の、合法の |
| 883 □□ | **illegal** [ilí:gəl] | 形 違法な、不法な |
| 884 □□ | **licensed** [láisənst] | 形 認可された、免許を受けた |

# Q222

㋐ **grief**

㋑ **brief**

㋒ **sorrow**

㋓ **sadness**

▶ 意味と発音を確認しよう

| | | |
|---|---|---|
| 885 □□ | **grief** [grí:f] | 名 悲しみ |
| 886 □□ | **brief** [brí:f] | 形 短時間の、簡潔な |
| 887 □□ | **sorrow** [sɑ́rou, sɔ́:r-] | 名 悲しみ |
| 888 □□ | **sadness** [sǽdnis] | 名 悲しみ |

Q222 の答え ㋑

# Q223

㋐ cancer

㋑ headache

㋒ dizziness

㋓ witness

▶ 意味と発音を確認しよう

| | | |
|---|---|---|
| 889 □□ | **cancer** [kǽnsər] | 名 癌 |
| 890 □□ | **headache** [hédèik] | 名 頭痛 |
| 891 □□ | **dizziness** [dízinis] | 名 めまい |
| 892 □□ | **witness** [wítnis] | 名 目撃者、証言<br>㊟ 動詞で「目撃する」。 |

# Q224

㋐ **frequently**

㋑ **rarely**

㋒ **hardly**

㋓ **seldom**

▶ 意味と発音を確認しよう

| | | |
|---|---|---|
| 893 □□ | **frequently** [frí:kwəntli] | 副 しばしば、頻繁に |
| 894 □□ | **rarely** [réərli] | 副 めったに～ない |
| 895 □□ | **hardly** [há:rdli] | 副 ほとんど～ない |
| 896 □□ | **seldom** [séldəm] | 副 あまり～ない |

# Q225

㋐ **rob**

㋑ **rub**

㋒ **grind**

㋓ **smooth**

▶ 意味と発音を確認しよう

|  |  |  |
|---|---|---|
| 897 □□ | **rob** [rάb] | 動 ～から奪う、盗む<br>注 rob A of B「A から B を奪う」 |
| 898 □□ | **rub** [rʌ́b] | 動 こする、すりつける |
| 899 □□ | **grind** [gráind] | 動 すりつぶす、こすりつける、研磨する |
| 900 □□ | **smooth** [smúːð] | 動 滑らかにする、削り取る<br>注 形容詞で「なめらかな」。 |

# Q226

㋐ **interpret**

㋑ **interrupt**

㋒ **explain**

㋓ **translate**

▶ 意味と発音を確認しよう

| | | |
|---|---|---|
| 901 □□ | **interpret** [intə́ːrprit] | 動 解釈する、説明する、通訳する |
| 902 □□ | **interrupt** [ìntərʌ́pt] | 動 さえぎる、邪魔する、中断する |
| 903 □□ | **explain** [ikspléin] | 動 説明する、解釈する、釈明する |
| 904 □□ | **translate** [trǽnsleit] | 動 翻訳する、言い換える、解釈する |

Q226 の答え ㋑

# Q227

㋐ collapse

㋑ crash

㋒ crush

㋓ compose

▶ 意味と発音を確認しよう

| | | |
|---|---|---|
| 905 □□ | **collapse** [kəlǽps] | 動 崩壊する、崩壊する、倒れる |
| 906 □□ | **crash** [krǽʃ] | 動 衝突する、砕ける；（プログラムが）機能しなくなる |
| 907 □□ | **crush** [krʌ́ʃ] | 動 つぶす、砕く、詰め込む、押し込む |
| 908 □□ | **compose** [kəmpóuz] | 動 構成する、組み立てる；気持ちを落ち着かせる |

# Q228

㋐ **associate**

㋑ **collaborate**

㋒ **corporate**

㋓ **cooperate**

▶ 意味と発音を確認しよう

| | | |
|---|---|---|
| 909 □□ | **associate** [əsóuʃièit] | 動 結び付ける、連想する；仲間に加える、提携する |
| 910 □□ | **collaborate** [kəlǽbərèit] | 動 協力する、合作する |
| 911 □□ | **corporate** [kɔ́ːrpərət] | 形 会社の、法人の |
| 912 □□ | **cooperate** [kouápərèit] | 動 協力する |

# Q229

㋐ suspect

㋑ suspend

㋒ reserve

㋓ postpone

▶ 意味と発音を確認しよう

| | | |
|---|---|---|
| 913 □□ | **suspect** [səspékt] | 動 (～なのではと) 疑う<br>注 名詞で「容疑者」([sʌ́spekt])。 |
| 914 □□ | **suspend** [səspénd] | 動 つるす；見合わせる、一時停止する |
| 915 □□ | **reserve** [rizə́ːrv] | 動 予約する；保留する、見合わせる；取っておく；遠慮する |
| 916 □□ | **postpone** [poustpóun] | 動 延期する<br>= put off |

# Q230

㋐ doubt

㋑ debt

㋒ bond

㋓ bill

▶ 意味と発音を確認しよう

| | | |
|---|---|---|
| 917 □□ | **doubt** [dáut] | 動 （～ではないのではと）疑う<br>注 名詞で「疑い」。 |
| 918 □□ | **debt** [dét] | 名 借金、負債、債務 |
| 919 □□ | **bond** [bɑ́nd] | 名 接着剤；結束、きずな；債権 |
| 920 □□ | **bill** [bíl] | 名 請求書、つけ；紙幣；為替手形；法案 |

# Q231

㋐ **let**

㋑ **bet**

㋒ **permit**

㋓ **leave**

▶ 意味と発音を確認しよう

| | | |
|---|---|---|
| 921 □□ | **let** [lét] | 動 ～させる |
| 922 □□ | **bet** [bét] | 動 賭ける |
| 923 □□ | **permit** [pərmít] | 動 許す、許可する、～させておく |
| 924 □□ | **leave** [lí:v] | 動 去る；置いていく；放置する、～させておく |

# Q232

㋐ prison

㋑ jail

㋒ cell

㋓ poison

▶ 意味と発音を確認しよう

| | | |
|---|---|---|
| 925 □□ | **prison** [prízn] | 名 刑務所 |
| 926 □□ | **jail** [dʒéil] | 名 刑務所 |
| 927 □□ | **cell** [sél] | 名 監房、独房；細胞 |
| 928 □□ | **poison** [pɔ́izn] | 名 毒 |

# Q233

㋐ **moist**

㋑ **humid**

㋒ **neat**

㋓ **wet**

▶ 意味と発音を確認しよう

| | | |
|---|---|---|
| 929 □□ | **moist** [mɔ́ist] | 形 湿った、湿気の多い |
| 930 □□ | **humid** [*h*jú:mid] | 形 湿気のある、むしむしする |
| 931 □□ | **neat** [ní:t] | 形 きちんとした、整然とした |
| 932 □□ | **wet** [wét] | 形 湿った、湿気のある、雨降りの |



Q233 の答え ㋒

# Q234

㋐ soldier

㋑ essay

㋒ navy

㋓ army

▶ 意味と発音を確認しよう

| | | |
|---|---|---|
| 933 □□ | **soldier** [sóuldʒər] | 名 軍人、兵士 |
| 934 □□ | **essay** [ései] | 名 小論、評論、随筆；試み |
| 935 □□ | **navy** [néivi] | 名 海軍 |
| 936 □□ | **army** [ɑ́ːrmi] | 名 軍隊、陸軍 |

Q234 の答え ㋑

# Q235

㋐ **depth**

㋑ **path**

㋒ **way**

㋓ **route**

▶ 意味と発音を確認しよう

| | | |
|---|---|---|
| 937 □□ | **depth** [dépθ] | 名 深さ、深いところ |
| 938 □□ | **path** [pǽθ] | 名 道、小道、通路 |
| 939 □□ | **way** [wéi] | 名 道、道路 |
| 940 □□ | **route** [rúːt] | 名 道、経路 |

# Q236

㋐ frame

㋑ fame

㋒ reputation

㋓ honor

▶ 意味と発音を確認しよう

| | | |
|---|---|---|
| 941 □□ | **frame** [fréim] | 名 構造、骨組 |
| 942 □□ | **fame** [féim] | 名 名声、名誉、評判<br>注 famous「有名な」 |
| 943 □□ | **reputation** [rèpjutéiʃən] | 名 評判、うわさ、名声 |
| 944 □□ | **honor** [ánər] | 名 名誉、敬意 |

# Q237

㋐ valuable

㋑ luxury

㋒ jewelry

㋓ surgery

▶ 意味と発音を確認しよう

| | | |
|---|---|---|
| 945 □□ | **valuable** [vǽljuəbl] | 名 貴重品<br>注 形容詞で「高価な、貴重な」。 |
| 946 □□ | **luxury** [lʌ́kʃəri, lʌ́gʒə-] | 名 ぜいたく、ぜいたく品 |
| 947 □□ | **jewelry** [dʒúːəlri] | 名 宝石 |
| 948 □□ | **surgery** [sə́ːrdʒəri] | 名 外科、手術 |

# Q238

㋐ fade

㋑ disappear

㋒ disaster

㋓ vanish

▶ 意味と発音を確認しよう

| | | |
|---|---|---|
| 949 □□ | **fade** [féid] | 動 しおれる；衰える；見えなくなる、消えてゆく |
| 950 □□ | **disappear** [dìsəpíər] | 動 見えなくなる、消滅する |
| 951 □□ | **disaster** [dizǽstər] | 名 災害、災難、大失敗 |
| 952 □□ | **vanish** [vǽniʃ] | 動 消える、消滅する |

# Q239

㋐ waste

㋑ garage

㋒ garbage

㋓ trash

▶ 意味と発音を確認しよう

| | | |
|---|---|---|
| 953 □□ | **waste** [wéist] | 名 浪費；廃棄物 |
| 954 □□ | **garage** [gərɑ́ːdʒ] | 名 車庫、ガレージ |
| 955 □□ | **garbage** [gɑ́ːrbidʒ] | 名 ごみ |
| 956 □□ | **trash** [trǽʃ] | 名 ごみ |

# Q240

㋐ image

㋑ luggage

㋒ baggage

㋓ bag

▶ 意味と発音を確認しよう

| | | |
|---|---|---|
| 957 □□ | **image** [ímidʒ] | 名 画像、映像、イメージ |
| 958 □□ | **luggage** [lʌ́gidʒ] | 名 旅行かばん、手荷物 |
| 959 □□ | **baggage** [bǽgidʒ] | 名 手荷物<br>注 baggage claim「手荷物受取所」 |
| 960 □□ | **bag** [bǽg] | 名 かばん、袋、手荷物 |

Q240 の答え ㋐

# Q241

㋐ **delete**

㋑ **fascinate**

㋒ **erase**

㋓ **cancel**

▶ 意味と発音を確認しよう

|  |  |  |
|---|---|---|
| 961 □□ | **delete** [dilíːt] | 動 削除する、消す |
| 962 □□ | **fascinate** [fǽsənèit] | 動 魅了する |
| 963 □□ | **erase** [iréis] | 動 消す、消去する |
| 964 □□ | **cancel** [kǽnsəl] | 動 取り消す、中止する、削除する |



Q241 の答え ㋑

# Q242

㋐ article

㋑ item

㋒ belongings

㋓ architect

▶ 意味と発音を確認しよう

| | | |
|---|---|---|
| 965 □□ | **article** [ɑ́ːrtikl] | 名 品物；記事；条項、箇条 |
| 966 □□ | **item** [áitəm] | 名 箇条、項目、品目 |
| 967 □□ | **belongings** [bilɔ́ːŋiŋz] | 名 所持品、財産 |
| 968 □□ | **architect** [ɑ́ːrkətèkt] | 名 建築家 |

# Q243

㋐ **immediate**

㋑ **rapid**

㋒ **instant**

㋓ **immigrant**

▶ 意味と発音を確認しよう

| | | |
|---|---|---|
| 969 □□ | **immediate** [imíːdiət] | 形 即座の；直接の |
| 970 □□ | **rapid** [rǽpid] | 形 速い、急な |
| 971 □□ | **instant** [ínstənt] | 形 即時の、即席の |
| 972 □□ | **immigrant** [ímigrənt] | 名 移民、（入ってくる）移住者<br>⇔ emigrant「（出ていく）移民」 |



Q243の答え ㋓

# Q244

㋐ **refund**

㋑ **project**

㋒ **program**

㋓ **strategy**

▶ 意味と発音を確認しよう

|  |  |  |
|---|---|---|
| 973 □□ | **refund** [rifʌ́nd] | 動 払い戻す、弁償する |
| 974 □□ | **project** [prɑ́dʒekt] | 名 計画、企画、事業 |
| 975 □□ | **program** [próugræm] | 名 計画、予定、事業；番組 |
| 976 □□ | **strategy** [strǽtədʒi] | 名 戦略、計画 |

# Q245

㋐ **defend**

㋑ **offend**

㋒ **protect**

㋓ **guard**

▶ 意味と発音を確認しよう

| | | |
|---|---|---|
| 977 □□ | **defend** [difénd] | 動 防衛する、防ぐ、守る |
| 978 □□ | **offend** [əfénd] | 動 不快にさせる；罪を犯す |
| 979 □□ | **protect** [prətékt] | 動 保護する、防ぐ |
| 980 □□ | **guard** [gɑ́ːrd] | 動 守る、保護する |



Q245 の答え ㋑

# Q246

㋐ **entire**

㋑ **ancient**

㋒ **whole**

㋓ **full**

▶ 意味と発音を確認しよう

| | | |
|---|---|---|
| 981 □□ | **entire** [intáiər] | 形 全体の |
| 982 □□ | **ancient** [éinʃənt] | 形 古代の、昔の |
| 983 □□ | **whole** [hóul] | 形 全体の；完全な |
| 984 □□ | **full** [fúl] | 形 いっぱいの；完全な |

| Q246の答え ㋑ |

# Q247

㋐ enroll

㋑ register

㋒ entertain

㋓ enter

▶ 意味と発音を確認しよう

| | | |
|---|---|---|
| 985 □□ | **enroll** [inróul] | 動 登録する、会員にする；入学・入会する |
| 986 □□ | **register** [rédʒistər] | 動 登録する、記録する；入学・入会手続きを取る |
| 987 □□ | **entertain** [èntərtéin] | 動 もてなす、楽しませる |
| 988 □□ | **enter** [éntər] | 動 入る；～の一員になる、入学する；入力する |

# Q248

㋐ merely

㋑ simply

㋒ supply

㋓ just

▶ 意味と発音を確認しよう

| | | |
|---|---|---|
| 989 □□ | **merely** [míərli] | 副 単に |
| 990 □□ | **simply** [símpli] | 副 簡単に；単に |
| 991 □□ | **supply** [səplái] | 動 供給する、与える |
| 992 □□ | **just** [dʒʌ́st] | 副 まさに、ちょうど；ただ |

# Q249

㋐ **consider**

㋑ **reflect**

㋒ **think over**

㋓ **regret**

▶ 意味と発音を確認しよう

|  |  |  |
|---|---|---|
| 993 □□ | **consider** [kənsídər] | 動 熟考する、～とみなす、考慮に入れる |
| 994 □□ | **reflect** [riflékt] | 動 反射する、反映する；よく考える |
| 995 □□ | **think over** [θíŋk óuvər] | 動 よく考える |
| 996 □□ | **regret** [rigrét] | 動 後悔する |

# Q250

㋐ **absorb**

㋑ **drink**

㋒ **soak up**

㋓ **absurd**

▶ 意味と発音を確認しよう

|  |  |  |
|---|---|---|
| 997 □□ | **absorb** [æbsɔ́ːrb, -zɔ́ːrb] | 動 吸収する、吸い込む；理解する、取り入れる |
| 998 □□ | **drink** [dríŋk] | 動 飲む、（水分を）吸収する |
| 999 □□ | **soak up** [sóuk ʌ́p] | 動 吸い上げる、吸収する |
| 1000 □□ | **absurd** [æbsə́ːrd] | 形 ばかげた、不条理な |

# Q251

㋐ wireless

㋑ nevertheless

㋒ nonetheless

㋓ regardless

▶ 意味と発音を確認しよう

|  |  |  |
|---|---|---|
| 1001 □□ | **wireless** [wáiərlis] | 形 無線の |
| 1002 □□ | **nevertheless** [nèvərðəlés] | 副 それにもかかわらず |
| 1003 □□ | **nonetheless** [nʌ̀nðəlés] | 副 それでもなお、それにもかかわらず |
| 1004 □□ | **regardless** [rigɑ́ːrdlis] | 副 それにもかかわらず、それでも |

# Q252

㋐ **eliminate**

㋑ **conclude**

㋒ **exclude**

㋓ **dump**

▶ 意味と発音を確認しよう

| | | |
|---|---|---|
| 1005 □□ | **eliminate** [ilímənèit] | 動 排除する、除く；予選で落とす |
| 1006 □□ | **conclude** [kənklúːd] | 動 ～と結論付ける |
| 1007 □□ | **exclude** [iksklúːd] | 動 除外する、排除する、追放する |
| 1008 □□ | **dump** [dʌ́mp] | 動 （中身を空けて）捨てる、処分する；（見限って）捨てる |

Q252の答え ㋑

# Q253

㋐ share

㋑ proportion

㋒ presentation

㋓ portion

▶ 意味と発音を確認しよう

|  |  |  |
|---|---|---|
| 1009 □□ | **share** [ʃέər] | 名 分け前、割り当て、部分；市場占有率；株 |
| 1010 □□ | **proportion** [prəpɔ́ːrʃən] | 名 割合；釣り合い；割り当て |
| 1011 □□ | **presentation** [prèzəntéiʃən] | 名 贈呈；紹介、披露、発表 |
| 1012 □□ | **portion** [pɔ́ːrʃən] | 名 一部、部分、分け前 |

# Q254

㋐ occasional

㋑ constant

㋒ odd

㋓ random

▶ 意味と発音を確認しよう

| | | |
|---|---|---|
| 1013 □□ | **occasional** [əkéiʒənəl] | 形 時折の、たまの；臨時の、特別の場合の |
| 1014 □□ | **constant** [kɑ́nstənt] | 形 絶えず続く、不変の |
| 1015 □□ | **odd** [ɑ́d] | 形 余分の；時々の；風変りな<br>注 odd number「奇数」<br>⇔ even number「偶数」 |
| 1016 □□ | **random** [rǽndəm] | 形 無作為の、ふぞろいの、手当たり次第・行き当たりばったりの |

Q254 の答え ㋑

# Q255

㋐ annual

㋑ seasonal

㋒ monthly

㋓ dairy

▶ 意味と発音を確認しよう

|  |  |  |
|---|---|---|
| 1017 □□ | **annual** [ǽnjuəl] | 形 毎年の、例年の、年一回の |
| 1018 □□ | **seasonal** [síːzənl] | 形 季節的な、その時期だけの |
| 1019 □□ | **monthly** [mʌ́nθli] | 形 毎月の、月一回の |
| 1020 □□ | **dairy** [dɛ́əri] | 名 乳製品<br>注 daily「毎日の」、diary「日記」と間違えやすいので注意。 |

# Q256

㋐ disagree

㋑ conflict

㋒ oppose

㋓ support

▶ 意味と発音を確認しよう

| | | |
|---|---|---|
| 1021 □□ | **disagree** [dìsəgríː] | 動 反対する、異議を唱える；一致しない、異なる |
| 1022 □□ | **conflict** [kənflíkt] | 動 衝突する、矛盾する、対立する |
| 1023 □□ | **oppose** [əpóuz] | 動 対立する、反対する |
| 1024 □□ | **support** [səpɔ́ːrt] | 動 支える、支持する、応援する |

Q256の答え ㋓

# Q257

㋐ **enormous**

㋑ **huge**

㋒ **tiny**

㋓ **vast**

▶ 意味と発音を確認しよう

| | | |
|---|---|---|
| 1025 □□ | **enormous** [inɔ́ːrməs] | 形 巨大な |
| 1026 □□ | **huge** [hjúːdʒ] | 形 巨大な |
| 1027 □□ | **tiny** [táini] | 形 小さな |
| 1028 □□ | **vast** [vǽst] | 形 広大な、ばく大な |



Q257 の答え ㋒

# Q258

㋐ **mature**

㋑ **miniature**

㋒ **replica**

㋓ **model**

▶ 意味と発音を確認しよう

| | | |
|---|---|---|
| 1029 □□ | **mature** [mətjúər] | 形 熟した、成熟した |
| 1030 □□ | **miniature** [míniətʃər] | 名 小型模型、ミニチュア |
| 1031 □□ | **replica** [réplikə] | 名 複製、レプリカ |
| 1032 □□ | **model** [mádl] | 名 模型、モデル |

Q258の答え ㋐

# Q259

㋐ mineral

㋑ minimum

㋒ aluminum

㋓ sulfur

▶ 意味と発音を確認しよう

| | | |
|---|---|---|
| 1033 □□ | **mineral** [mínərəl] | 名 鉱物、鉱石 |
| 1034 □□ | **minimum** [mínimәm] | 形 最小の、最低限の |
| 1035 □□ | **aluminum** [əlúːmənəm] | 名 アルミニウム |
| 1036 □□ | **sulfur** [sʌ́lfər] | 名 硫黄 |

# Q260

㋐ nutrition

㋑ malnutrition

㋒ appetite

㋓ digestion

▶ 意味と発音を確認しよう

| | | |
|---|---|---|
| 1037 □□ | **nutrition** [njuːtríʃən] | 名 栄養；栄養学 |
| 1038 □□ | **malnutrition** [mælnjuːtríʃən] | 名 栄養失調 |
| 1039 □□ | **appetite** [ǽpətàit] | 名 食欲 |
| 1040 □□ | **digestion** [daidʒéstʃən] | 名 消化 |

# Q261

㋐ eyesight

㋑ vision

㋒ version

㋓ eye

▶ 意味と発音を確認しよう

|  |  |  |
|---|---|---|
| 1041 □□ | **eyesight** [áisàit] | 名 視力、視覚 |
| 1042 □□ | **vision** [víʒən] | 名 視覚、視力、視野；構想、展望 |
| 1043 □□ | **version** [vəːrʒən] | 名 ～版、～型、バージョン |
| 1044 □□ | **eye** [ái] | 名 目；視力 |



Q261 の答え ㋒

# Q262

㋐ manual

㋑ mammal

㋒ handmade

㋓ manufactural

▶ 意味と発音を確認しよう

| | | |
|---|---|---|
| 1045 □□ | **manual** [mǽnjuəl] | 形 手の、手動の<br>注 名詞で「手引き、マニュアル」。 |
| 1046 □□ | **mammal** [mǽməl] | 名 哺乳類 |
| 1047 □□ | **handmade** [hǽnd*d*méid] | 形 手製の、手作りの |
| 1048 □□ | **manufactural** [mæ̀njufǽktʃərəl] | 形 手工業の、製造業の |

# Q263

㋐ **gravity**

㋑ **hole**

㋒ **cave**

㋓ **tunnel**

▶ 意味と発音を確認しよう

| | | |
|---|---|---|
| 1049 □□ | **gravity** [grǽvəti] | 名 重力 |
| 1050 □□ | **hole** [hóul] | 名 穴 |
| 1051 □□ | **cave** [kéiv] | 名 洞穴、洞窟 |
| 1052 □□ | **tunnel** [tʌ́nl] | 名 地下道、トンネル |

# Q264

㋐ vote

㋑ devote

㋒ election

㋓ candidate

▶ 意味と発音を確認しよう

| | | |
|---|---|---|
| 1053 □□ | **vote** [vóut] | 名 投票、投票権、選挙権 |
| 1054 □□ | **devote** [divóut] | 動 ささげる |
| 1055 □□ | **election** [ilékʃən] | 名 選挙 |
| 1056 □□ | **candidate** [kǽndidèit] | 名 候補者、志願者 |

# Q265

㋐ **pole**

㋑ **poll**

㋒ **stick**

㋓ **rod**

▶ 意味と発音を確認しよう

| | | |
|---|---|---|
| 1057 □□ | **pole** [póul] | 名 棒、さお、柱、ポール |
| 1058 □□ | **poll** [póul] | 名 投票、投票数、世論調査 |
| 1059 □□ | **stick** [stík] | 名 棒切れ、杖 |
| 1060 □□ | **rod** [rád] | 名 棒、さお、杖、むち<br>注 Spare the rod and spoil the child.<br>「かわいい子には旅をさせよ」 |

# Q266

㋐ urban

㋑ rural

㋒ local

㋓ electricity

▶ 意味と発音を確認しよう

| | | |
|---|---|---|
| 1061 □□ | **urban** [ə́ːrbən] | 形 都市の、都会の、市街地の |
| 1062 □□ | **rural** [rúərəl] | 形 田舎の、田園の |
| 1063 □□ | **local** [lóukəl] | 形 その土地の、地元の、狭い地域の |
| 1064 □□ | **electricity** [ilektrísəti] | 名 電気、電流 |

# Q267

㋐ **opponent**

㋑ **rival**

㋒ **ancestor**

㋓ **enemy**

▶ 意味と発音を確認しよう

| | | |
|---|---|---|
| 1065 □□ | **opponent** [əpóunənt] | 名 （試合などの）相手・敵 |
| 1066 □□ | **rival** [ráivəl] | 名 好敵手、ライバル |
| 1067 □□ | **ancestor** [ǽnsestər] | 名 先祖、祖先<br>⇔ descendant「子孫」 |
| 1068 □□ | **enemy** [énəmi] | 名 敵 |

# Q268

㋐ **expert**

㋑ **professional**

㋒ **critic**

㋓ **pedestrian**

▶ 意味と発音を確認しよう

| | | |
|---|---|---|
| 1069 □□ | **expert** [ékspəːrt] | 名 達人、専門家 |
| 1070 □□ | **professional** [prəféʃənl] | 名 専門家、本職、プロ<br>⇔ amateur「素人、アマチュア」 |
| 1071 □□ | **critic** [krítik] | 名 評論家 |
| 1072 □□ | **pedestrian** [pədéstriən] | 名 歩行者 |

Q268の答え ㋓

# Q269

㋐ monument

㋑ motivation

㋒ encouragement

㋓ incentive

▶ 意味と発音を確認しよう

| | | |
|---|---|---|
| 1073 □□ | **monument** [mánjumənt] | 名 記念碑 |
| 1074 □□ | **motivation** [mòutəvéiʃən] | 名 刺激、熱意、動機付け |
| 1075 □□ | **encouragement** [inkə́:ridʒmənt] | 名 励まし、励みになるもの |
| 1076 □□ | **incentive** [inséntiv] | 名 刺激、動機；奨励金、報奨 |

# Q270

㋐ **advantage**

㋑ **percentage**

㋒ **merit**

㋓ **strength**

▶ 意味と発音を確認しよう

| | | |
|---|---|---|
| 1077 □□ | **advantage** [ædvǽntidʒ] | 名 優位；強み、長所 |
| 1078 □□ | **percentage** [pərséntidʒ] | 名 百分率、パーセンテージ、割合 |
| 1079 □□ | **merit** [mérit] | 名 長所；手柄、功績 |
| 1080 □□ | **strength** [stréŋkθ] | 名 力、強さ；強み、長所 |

Q270 の答え ㋑

# Q271

㋐ circumstance

㋑ environment

㋒ surrounding

㋓ equipment

▶ 意味と発音を確認しよう

| | | |
|---|---|---|
| 1081 □□ | **circumstance** [sə́ːrkəmstæ̀ns] | 名 状況、環境、境遇 |
| 1082 □□ | **environment** [inváiərənmənt] | 名 事情、状況、環境 |
| 1083 □□ | **surrounding** [səráundiŋ] | 名 周囲、環境 |
| 1084 □□ | **equipment** [ikwípmənt] | 名 準備、装備、備品 |

 | Q271 の答え ㋓ |

# Q272

㋐ experiment

㋑ experience

㋒ undergo

㋓ go through

▶ 意味と発音を確認しよう

| | | |
|---|---|---|
| 1085 □□ | **experiment** [ikspérəmənt] | 名 実験 |
| 1086 □□ | **experience** [ikspíəriəns] | 動 経験する、体験する |
| 1087 □□ | **undergo** [ʌ̀ndərgóu] | 動 経験する |
| 1088 □□ | **go through** [góu θrúː] | 動 通り抜ける；経験する、耐え抜く |

Q272の答え ㋐

# Q273

㋐ **withdraw**

㋑ **refrain from ~**

㋒ **undertake**

㋓ **turn down**

▶ 意味と発音を確認しよう

|  |  |  |
| --- | --- | --- |
| 1089 □□ | **withdraw** [wiðdrɔ́:] | 動 引く、取り消す、（金を）引き出す、やめる |
| 1090 □□ | **refrain from ~** [rifréin frəm] | 動 ~をしない・やめる・差し控える |
| 1091 □□ | **undertake** [ʌ̀ndərtéik] | 動 引き受ける、請け負う、保証する |
| 1092 □□ | **turn down** [tə́:rn dáun] | 動 断る、拒否する；（音量などを）下げる |

# Q274

㋐ **attend**

㋑ **fare**

㋒ **care**

㋓ **accompany**

▶ 意味と発音を確認しよう

| | | |
|---|---|---|
| 1093 □□ | **attend** [əténd] | 動 出席する、付き添う、～の世話をする |
| 1094 □□ | **fare** [fέər] | 名 運賃 |
| 1095 □□ | **care** [kέər] | 動 心配する、世話する、看護する |
| 1096 □□ | **accompany** [əkʌ́mpəni] | 動 同行する；同時に起こる |

# Q275

㋐ **room**

㋑ **wound**

㋒ **space**

㋓ **scope**

▶ 意味と発音を確認しよう

| | | |
|---|---|---|
| 1097 □□ | **room** [rú:m] | 名 部屋；余地 |
| 1098 □□ | **wound** [wú:nd] | 名 傷、けが |
| 1099 □□ | **space** [spéis] | 名 空間、場所、余地 |
| 1100 □□ | **scope** [skóup] | 名 範囲、機会、余地 |

 | Q275の答え ㋑ |

# Q276

㋐ **domestic**

㋑ **household**

㋒ **home**

㋓ **foreign**

▶ 意味と発音を確認しよう

| | | |
|---|---|---|
| 1101 □□ | **domestic** [dəméstik] | 形 家庭の；国内の、国産の |
| 1102 □□ | **household** [háushòuld] | 形 家庭の、日常の<br>注 名詞で「世帯」。 |
| 1103 □□ | **home** [hóum] | 形 家庭の；自国の；本拠地での |
| 1104 □□ | **foreign** [fɔ́:rən] | 形 外国の、外来の |

# Q277

㋐ **mood**

㋑ **mode**

㋒ **atmosphere**

㋓ **air**

▶ 意味と発音を確認しよう

| | | |
|---|---|---|
| 1105 □□ | **mood** [mú:d] | 名 気分、不機嫌；雰囲気 |
| 1106 □□ | **mode** [móud] | 名 方法、様式、流儀 |
| 1107 □□ | **atmosphere** [ǽtməsfìər] | 名 大気；雰囲気、おもむき |
| 1108 □□ | **air** [ɛ́ər] | 名 空気、大気；雰囲気；微風 |



Q277 の答え ㋑

# Q278

㋐ **promote**

㋑ **remote**

㋒ **distant**

㋓ **apart**

▶ 意味と発音を確認しよう

| | | |
|---|---|---|
| 1109 □□ | **promote** [prəmóut] | 動 昇進させる；促進する、奨励する |
| 1110 □□ | **remote** [rimóut] | 形 遠く離れた；遠隔操作の、リモートの |
| 1111 □□ | **distant** [dístənt] | 形 遠い、遠隔の |
| 1112 □□ | **apart** [əpá:rt] | 形 離れた、無関係の、別個の |

Q278 の答え ㋐

# Q279

㋐ **absent**

㋑ **present**

㋒ **gone**

㋓ **away**

▶ 意味と発音を確認しよう

| | | |
|---|---|---|
| 1113 □□ | **absent** [ǽbsənt] | 形 不在の、留守の、欠席の |
| 1114 □□ | **present** [préznt] | 形 出席している；現在の |
| 1115 □□ | **gone** [gɔ́:n] | 形 いなくなった、過ぎ去った |
| 1116 □□ | **away** [əwéi] | 形 相手の本拠地での<br>⇔ home「本拠地での」 |

 | Q279の答え ㋑ |

# Q280

㋐ **eternal**

㋑ **permanent**

㋒ **temporary**

㋓ **lasting**

▶ 意味と発音を確認しよう

| | | |
|---|---|---|
| 1117 □□ | **eternal** [itə́ːrnl] | 形 永遠の |
| 1118 □□ | **permanent** [pə́ːrmənənt] | 形 永久の、恒久的な、不変の |
| 1119 □□ | **temporary** [témpərèri] | 形 一時の、仮の、臨時の |
| 1120 □□ | **lasting** [lǽstiŋ] | 形 永続する、永久の |

# Q281

㋐ **focus**

㋑ **target**

㋒ **core**

㋓ **claw**

▶ 意味と発音を確認しよう

|  |  |  |
|---|---|---|
| 1121 □□ | **focus** [fóukəs] | 名 焦点、中心、重点 |
| 1122 □□ | **target** [tá:rgit] | 名 的、標的、目標 |
| 1123 □□ | **core** [kɔ́:r] | 名 芯、核心、中心 |
| 1124 □□ | **claw** [klɔ́:] | 名 （鳥の）かぎ爪、（カニなどの）爪 |

# Q282

㋐ **content**

㋑ **continent**

㋒ **pleased**

㋓ **satisfied**

▶ 意味と発音を確認しよう

|  |  |  |
|---|---|---|
| 1125 □□ | **content** [kəntént] | 形 満足して<br>注 名詞で「内容、要素、中身」。 |
| 1126 □□ | **continent** [kɑ́ntənənt] | 名 大陸 |
| 1127 □□ | **pleased** [plíːzd] | 形 喜んで、満足して |
| 1128 □□ | **satisfied** [sǽtisfàid] | 形 満足した |

Q282 の答え ㋑

# Q283

㋐ **convince**

㋑ **continue**

㋒ **carry on**

㋓ **go on**

▶ 意味と発音を確認しよう

| | | |
|---|---|---|
| 1129 □□ | **convince** [kənvíns] | 動 確信させる、納得させる |
| 1130 □□ | **continue** [kəntínju:] | 動 続ける；続く |
| 1131 □□ | **carry on** [kǽri ən] | 動 続ける |
| 1132 □□ | **go on** [góu ən] | 動 続ける、次へ進む |

# Q284

㋐ **replace**

㋑ **relieve**

㋒ **change**

㋓ **announce**

▶ 意味と発音を確認しよう

|  |  |  |
|---|---|---|
| 1133 □□ | **replace** [ripléis] | 動 取って代わる、取り換える |
| 1134 □□ | **relieve** [rilí:v] | 動 取り除く、安心させる、救援する、交替する、解放する |
| 1135 □□ | **change** [tʃéindʒ] | 動 変える、替える、改める；変わる |
| 1136 □□ | **announce** [ənáuns] | 動 知らせる、公表する |

# Q285

㋐ **react**

㋑ **respond**

㋒ **reply**

㋓ **apply**

▶ 意味と発音を確認しよう

| | | |
|---|---|---|
| 1137 □□ | **react** [riǽkt] | 動 反応する |
| 1138 □□ | **respond** [rispɑ́nd] | 動 答える、反応する、応じる |
| 1139 □□ | **reply** [riplái] | 動 返事をする、答える |
| 1140 □□ | **apply** [əplái] | 動 適用する、応用する、申し込む、(薬などを) 塗る |

# Q286

㋐ **recover**

㋑ **notice**

㋒ **find out**

㋓ **come across**

▶ 意味と発音を確認しよう

| | | |
|---|---|---|
| 1141 □□ | **recover** [rikʌ́vər] | 動 取り戻す、回復する |
| 1142 □□ | **notice** [nóutis] | 動 気づく、注目する |
| 1143 □□ | **find out** [fáind áut] | 動 発見する、明らかにする |
| 1144 □□ | **come across** [kʌ́m əkrɔ́ːs] | 動 出くわす；見つける |

Q286の答え ㋐

# Q287

㋐ discover

㋑ realize

㋒ cover

㋓ recognize

▶ 意味と発音を確認しよう

| | | |
|---|---|---|
| 1145 □□ | **discover** [diskʌ́vər] | 動 発見する、～とわかる |
| 1146 □□ | **realize** [ríːəlàiz] | 動 理解する、実感する；実現する |
| 1147 □□ | **cover** [kʌ́vər] | 動 覆う；担当する；(距離を)行く；報道する |
| 1148 □□ | **recognize** [rékəgnàiz] | 動 見覚えがある、認める、事実・存在を認める |

# Q288

㋐ **vacant**

㋑ **empty**

㋒ **blank**

㋓ **brand**

▶ 意味と発音を確認しよう

|  |  |  |
|---|---|---|
| 1149 □□ | **vacant** [véikənt] | 形 空いている、使っていない |
| 1150 □□ | **empty** [émpti] | 形 空いている、中身のない |
| 1151 □□ | **blank** [blæŋk] | 形 何も書いていない、空っぽの；無表情な |
| 1152 □□ | **brand** [brænd] | 名 商標、銘柄、ブランド |

Q288 の答え ㋓

# Q289

㋐ **adequate**

㋑ **proper**

㋒ **efficient**

㋓ **sufficient**

▶ 意味と発音を確認しよう

| 1153 □□ | **adequate** [ǽdikwət] | 形 適した、適切な、十分な |
|---|---|---|
| 1154 □□ | **proper** [prάpər] | 形 適切な、正式の；固有の；正確な |
| 1155 □□ | **efficient** [ifíʃənt] | 形 有効な、効率のよい |
| 1156 □□ | **sufficient** [səfíʃənt] | 形 十分な<br>⇔ insufficient「不十分な」 |

# Q290

㋐ **square**

㋑ **swear**

㋒ **triangle**

㋓ **circle**

▶ 意味と発音を確認しよう

| | | |
|---|---|---|
| 1157 □□ | **square** [skwέər] | 名 正方形；(四角い) 広場<br>注 rectangle「長方形」 |
| 1158 □□ | **swear** [swέər] | 動 誓う |
| 1159 □□ | **triangle** [tráiæŋgl] | 名 三角形 |
| 1160 □□ | **circle** [sə́ːrkl] | 名 円、環；仲間 |

# Q291

㋐ **addition**

㋑ **edition**

㋒ **extra**

㋓ **supplement**

▶ 意味と発音を確認しよう

| | | |
|---|---|---|
| 1161 □□ | **addition** [ədíʃən] | 名 追加、添加；足し算 |
| 1162 □□ | **edition** [idíʃən] | 名 版 |
| 1163 □□ | **extra** [ékstrə] | 名 余分、(映画などの) エキストラ<br>注 形容詞で「余分の」。 |
| 1164 □□ | **supplement** [sʌ́pləmənt] | 名 補足、追加、付録；栄養補助食品 |

# Q292

㋐ steel

㋑ steal

㋒ robbery

㋓ theft

▶ 意味と発音を確認しよう

|  |  |  |
|---|---|---|
| 1165 □□ | **steel** [stíːl] | 名 鋼鉄、鋼（はがね） |
| 1166 □□ | **steal** [stíːl] | 名 盗み、窃盗<br>注 動詞で「盗む」。 |
| 1167 □□ | **robbery** [rɑ́bəri] | 名 強盗 |
| 1168 □□ | **theft** [θéft] | 名 盗み、窃盗<br>注 thief「泥棒」 |

Q292 の答え ㋐

# Q293

㋐ **goal**

㋑ **mission**

㋒ **emission**

㋓ **responsibility**

▶ 意味と発音を確認しよう

|  |  |  |
|---|---|---|
| 1169 □□ | **goal** [góul] | 名 目標、目的；得点、ゴール |
| 1170 □□ | **mission** [míʃən] | 名 使節；特命、任務、使命 |
| 1171 □□ | **emission** [imíʃən] | 名 放出、排出<br>注 emissions trading「排出量取引」 |
| 1172 □□ | **responsibility** [rispɑ̀nsəbíləti] | 名 責任、責務 |

# Q294

㋐ attempt

㋑ try

㋒ effort

㋓ afford

▶ 意味と発音を確認しよう

| | | |
|---|---|---|
| 1173 □□ | **attempt** [ətémpt] | 名 試み<br>注 動詞で「試みる」。 |
| 1174 □□ | **try** [trái] | 名 試み<br>注 動詞で「試みる」。 |
| 1175 □□ | **effort** [éfərt] | 名 努力、奮闘、頑張り |
| 1176 □□ | **afford** [əfɔ́:rd] | 動 ～する（経済的）余裕がある、～できる |

Q294 の答え ㋓

# Q295

㋐ **checkup**

㋑ **medicine**

㋒ **symptom**

㋓ **tempt**

▶ 意味と発音を確認しよう

|  |  |  |
|---|---|---|
| 1177 □□ | **checkup** [tʃékʌ̀p] | 名 健康診断、点検 |
| 1178 □□ | **medicine** [médəsin] | 名 医学、医療、内科、薬<br>注 surgery「外科、手術」 |
| 1179 □□ | **symptom** [símptəm] | 名 症状、兆候 |
| 1180 □□ | **tempt** [témpt] | 動 誘惑する、そそのかす |

# Q296

㋐ **achieve**

㋑ **accomplish**

㋒ **surrender**

㋓ **attain**

▶ 意味と発音を確認しよう

|  |  |  |
|---|---|---|
| 1181 □□ | **achieve** [ətʃíːv] | 動 成し遂げる、目的を達する |
| 1182 □□ | **accomplish** [əkámpliʃ] | 動 成し遂げる |
| 1183 □□ | **surrender** [səréndər] | 動 降参する、屈する、明け渡す |
| 1184 □□ | **attain** [ətéin] | 動 獲得する、達成する |

# Q297

㋐ **patient**

㋑ **politician**

㋒ **physician**

㋓ **clinic**

▶ 意味と発音を確認しよう

| | | |
|---|---|---|
| 1185 □□ | **patient** [péiʃənt] | 名 患者<br>注 形容詞で「忍耐強い」という意味もあります。 |
| 1186 □□ | **politician** [pɑ̀lətíʃən] | 名 政治家<br>注 lawmaker「(立法府の) 議員」、statesman「政治家」 |
| 1187 □□ | **physician** [fizíʃən] | 名 医師、内科医<br>注 surgeon「外科医」 |
| 1188 □□ | **clinic** [klínik] | 名 診療所、個人病院 |

# Q298

㋐ **tribe**

㋑ **tide**

㋒ **wave**

㋓ **current**

▶ 意味と発音を確認しよう

| | | |
|---|---|---|
| 1189 □□ | **tribe** [tráib] | 名 部族、～族 |
| 1190 □□ | **tide** [táid] | 名 潮、潮流；風潮、形勢 |
| 1191 □□ | **wave** [wéiv] | 名 波、うねり、起伏、変動 |
| 1192 □□ | **current** [kə́:rənt] | 名 流れ、電流、潮流；風潮 |

Q298 の答え ㋐

# Q299

㋐ **bilingual**

㋑ **multilingual**

㋒ **linguist**

㋓ **biotechnology**

▶ 意味と発音を確認しよう

|  |  |  |
| --- | --- | --- |
| 1193 □□ | **bilingual** [bailíŋgwəl] | 名 二カ国語話者、バイリンガル |
| 1194 □□ | **multilingual** [mʌ̀ltilíŋgwəl] | 名 多言語話者 |
| 1195 □□ | **linguist** [líŋgwist] | 名 言語学者 |
| 1196 □□ | **biotechnology** [bàiouteknάlədʒi] | 名 生物工学、バイオテクノロジー<br>注 biologist「生物学者」 |

# Q300

㋐ **audience**

㋑ **crowd**

㋒ **cloud**

㋓ **participant**

▶ 意味と発音を確認しよう

| | | |
|---|---|---|
| 1197 □□ | **audience** [ɔ́ːdiəns] | 名 聴衆、観衆 |
| 1198 □□ | **crowd** [kráud] | 名 群衆 |
| 1199 □□ | **cloud** [kláud] | 名 雲 |
| 1200 □□ | **participant** [pɑːrtísəpənt] | 名 参加者 |

Q300 の答え ㋒

## まとめて覚えよう③　身体に由来する単語

接頭語を覚えておくと、初めて見る単語でも、意味を類推しやすくなります。

○ AUD 「聴く、聞こえる」を意味する

audible　聞き取れる
**audience**　聴衆
audition　オーディション、聴講
auditorium　講堂
audio　音声（の）

○ MAN / MANU 「手」を意味する

maneuver　操作、策略
manicure　マニキュア
manipulate　扱う
**manual**　手の
**manufacture**　手工業の
manuscript　手書き（の原稿）

○ PED / POD 「足」を意味する

pedal　ペダル
**pedestrian**　歩行者
pedicure　ペディキュア
podium　演壇

○ VIS / VID 「見る」を意味する

video　映像（の）
**visible**　見える、目立つ
**invisible**　目に見えない
**vision**　視覚、視力
visit　訪問する
visual　視覚の
evident　明白な

# Exercise 4

## Q301 ～ Q400

1 問につき 1 点換算でスコアを付け、
全問正解を目指しましょう。

| 1 周目スコア | 2 周目スコア | 3 周目スコア |
| --- | --- | --- |
| / 100 | / 100 | / 100 |

# Q301

㋐ **opportunity**

㋑ **chance**

㋒ **formation**

㋓ **occasion**

▶ 意味と発音を確認しよう

|  |  |  |
|---|---|---|
| 1201 □□ | **opportunity** [ὰpərtjú:nəti] | 名 機会、好機 |
| 1202 □□ | **chance** [tʃǽns] | 名 偶然、運、機会、好機 |
| 1203 □□ | **formation** [fɔ:rméiʃən] | 名 構成、編成、構造 |
| 1204 □□ | **occasion** [əkéiʒən] | 名 時、場合、機会、好機、特別な行事 |



Q301 の答え ㋒

# Q302

㋐ **formulate**

㋑ **fortunate**

㋒ **prepare**

㋓ **shape**

▶ 意味と発音を確認しよう

| | | |
|---|---|---|
| 1205 □□ | **formulate** [fɔ́ːrmjulèit] | 動 公式化する、まとめる、考案する |
| 1206 □□ | **fortunate** [fɔ́ːrtʃənət] | 形 幸運な |
| 1207 □□ | **prepare** [pripɛ́ər] | 動 準備する、整える、つくる |
| 1208 □□ | **shape** [ʃéip] | 動 形づくる、具体化する、考案する |

Q302の答え ㋑

# Q303

㋐ gather

㋑ rather

㋒ quite

㋓ fairly

▶ 意味と発音を確認しよう

|  |  |  |
|---|---|---|
| 1209 □□ | **gather** [gǽðər] | 動 集める、収穫する |
| 1210 □□ | **rather** [rǽðər] | 副 むしろ、それよりは；かなり |
| 1211 □□ | **quite** [kwáit] | 副 全く；かなり |
| 1212 □□ | **fairly** [fέərli] | 副 公正・公平に；まあまあ、かなり；はっきり |

# Q304

㋐ evidence

㋑ proof

㋒ document

㋓ department

▶ 意味と発音を確認しよう

| | | |
|---|---|---|
| 1213 □□ | **evidence** [évədəns] | 名 証拠 |
| 1214 □□ | **proof** [prúːf] | 名 証明、証拠 |
| 1215 □□ | **document** [dákjumənt] | 名 文書、書類、記録、証拠資料 |
| 1216 □□ | **department** [dipáːrtmənt] | 名 部門、局、学部・学科 |

# Q305

㋐ **departure**

㋑ **broadcast**

㋒ **farewell**

㋓ **takeoff**

▶ 意味と発音を確認しよう

| | | |
|---|---|---|
| 1217 □□ | **departure** [dipɑ́:rtʃər] | 名 出発、門出、逸脱 |
| 1218 □□ | **broadcast** [brɔ́:dkæst] | 動 放送・放映する、広める |
| 1219 □□ | **farewell** [fèərwél] | 名 お別れ |
| 1220 □□ | **takeoff** [téikɔ̀:f] | 名 出発、発信、離陸 |

# Q306

㋐ **deliver**

㋑ **distribute**

㋒ **prove**

㋓ **provide**

▶ 意味と発音を確認しよう

|  |  |  |
|---|---|---|
| 1221 □□ | **deliver** [dilívər] | 動 配達する、届ける、伝える |
| 1222 □□ | **distribute** [distríbju:t] | 動 分配する、配布する、配給する |
| 1223 □□ | **prove** [prú:v] | 動 証明する、（製品などを）ためす・分析する |
| 1224 □□ | **provide** [prəváid] | 動 供給する、提供する、支給する |

# Q307

㋐ **resist**

㋑ **assist**

㋒ **support**

㋓ **help**

▶ 意味と発音を確認しよう

| | | |
|---|---|---|
| 1225 □□ | **resist** [rizíst] | 動 抵抗する、～に耐える |
| 1226 □□ | **assist** [əsíst] | 動 手伝う、援助する |
| 1227 □□ | **support** [səpɔ́ːrt] | 動 支える、支持する、応援する |
| 1228 □□ | **help** [hélp] | 動 助ける、救う、手伝う |

# Q308

㋐ **million**

㋑ **billion**

㋒ **trillion**

㋓ **companion**

▶ 意味と発音を確認しよう

| 1229 □□ | **million** [míljən] | 名 100万 |
|---|---|---|
| 1230 □□ | **billion** [bíljən] | 名 10億 |
| 1231 □□ | **trillion** [tríljən] | 名 1兆 |
| 1232 □□ | **companion** [kəmpǽnjən] | 名 仲間、話し相手 |

# Q309

㋐ attach

㋑ separate

㋒ unite

㋓ fasten

▶ 意味と発音を確認しよう

|  |  |  |
|---|---|---|
| 1233 □□ | **attach** [ətǽtʃ] | 動 取り付ける、添付する |
| 1234 □□ | **separate** [sépərèit] | 動 切り離す、引き離す；別れる |
| 1235 □□ | **unite** [juːnáit] | 動 結合する、一体になる、団結する |
| 1236 □□ | **fasten** [fǽsn] | 動 固定する、結び付ける |

 | Q309の答え ㋑ |

# Q310

㋐ gradual

㋑ graduate

㋒ step-by-step

㋓ slow

▶ 意味と発音を確認しよう

|  |  |  |
|---|---|---|
| 1237 □□ | **gradual** [grǽdʒuəl] | 形 緩やかな、徐々の、漸進的な |
| 1238 □□ | **graduate** [grǽdʒuèit] | 動 （大学を）卒業する<br>注 「徐々に進む」という意味もあります。 |
| 1239 □□ | **step-by-step** [stépbaistép] | 形 一歩一歩の、段階的な |
| 1240 □□ | **slow** [slóu] | 形 遅い、ゆっくりした |

| Q310の答え ㋑ |

# Q311

㋐ inspire

㋑ encourage

㋒ excite

㋓ hesitate

▶ 意味と発音を確認しよう

| | | |
|---|---|---|
| 1241 □□ | **inspire** [inspáiə*r*] | 動 鼓舞する、影響を与える、～のきっかけになる |
| 1242 □□ | **encourage** [inkə́:ridʒ] | 動 励ます、勇気づける、促進する |
| 1243 □□ | **excite** [iksáit] | 動 刺激する、興奮させる |
| 1244 □□ | **hesitate** [hézətèit] | 動 ためらう、躊躇する、口ごもる |

# Q312

㋐ **rest**

㋑ **leisure**

㋒ **regulation**

㋓ **relaxation**

▶ 意味と発音を確認しよう

|  |  |  |
|---|---|---|
| 1245 □□ | **rest** [rést] | 名 休息、休憩；停止、静止 |
| 1246 □□ | **leisure** [lí:ʒər] | 名 余暇、自由時間 |
| 1247 □□ | **regulation** [règjuléiʃən] | 名 規則、規制、規定、調整 |
| 1248 □□ | **relaxation** [rì:lækséiʃən] | 名 緩和；休養、息抜き |

Q312 の答え ㋒

# Q313

㋐ population

㋑ pollution

㋒ damage

㋓ contamination

▶ 意味と発音を確認しよう

|  |  |  |
|---|---|---|
| 1249 □□ | **population** [pɑ̀pjuléiʃən] | 名 人口、全住民 |
| 1250 □□ | **pollution** [pəlú:ʃən] | 名 汚染、公害 |
| 1251 □□ | **damage** [dǽmidʒ] | 名 損害、被害 |
| 1252 □□ | **contamination** [kəntæ̀mənéiʃən] | 名 汚染、混入 |

# Q314

㋐ neutral

㋑ contrary

㋒ reverse

㋓ opposite

▶ 意味と発音を確認しよう

| | | |
|---|---|---|
| 1253<br>□□ | **neutral**<br>[njú:trəl] | 形 中立の、中性の |
| 1254<br>□□ | **contrary**<br>[kántreri] | 名 反対の、逆の |
| 1255<br>□□ | **reverse**<br>[rivə́:rs] | 形 逆の、反対の、裏の |
| 1256<br>□□ | **opposite**<br>[ápəzit, -sit] | 形 反対側の、向かい側の、逆の、正反対の |

# Q315

㋐ lecture

㋑ semester

㋒ scholar

㋓ structure

▶ 意味と発音を確認しよう

|  |  |  |
|---|---|---|
| 1257 □□ | **lecture** [léktʃər] | 名 講義 |
| 1258 □□ | **semester** [siméstər] | 名 （大学の）学期 |
| 1259 □□ | **scholar** [skɑ́lər] | 名 学者 |
| 1260 □□ | **structure** [strʌ́ktʃər] | 名 構造、体系、建造物 |

# Q316

㋐ **lead**

㋑ **recall**

㋒ **guide**

㋓ **conduct**

▶ 意味と発音を確認しよう

| | | |
|---|---|---|
| 1261 □□ | **lead** [líːd] | 動 導く、案内する、～の先頭・首位に立つ |
| 1262 □□ | **recall** [rikɔ́ːl] | 動 思い出す、想起させる；解職請求する |
| 1263 □□ | **guide** [gáid] | 動 案内する、導く |
| 1264 □□ | **conduct** [kəndʌ́kt] | 動 ふるまう；実施する；導く、案内する；指揮する |

| Q316の答え ㋑ |

# Q317

㋐ **pain**

㋑ **plain**

㋒ **simple**

㋓ **pure**

▶ 意味と発音を確認しよう

| | | |
|---|---|---|
| 1265 □□ | **pain** [péin] | 名 痛み、苦しみ、心痛 |
| 1266 □□ | **plain** [pléin] | 形 簡単な、単純な；全くの；あっさりした |
| 1267 □□ | **simple** [símpl] | 形 単純な、簡素な、ごく普通の |
| 1268 □□ | **pure** [pjúər] | 形 きれいな、純粋な；全くの |

# Q318

㋐ **global**

㋑ **universal**

㋒ **regional**

㋓ **worldwide**

▶ 意味と発音を確認しよう

| | | |
|---|---|---|
| 1269 □□ | **global** [glóubəl] | 形 世界的な、地球の、広域の |
| 1270 □□ | **universal** [jùːnəvə́ːrsəl] | 形 万国の、万人の；普遍的な、一般的な |
| 1271 □□ | **regional** [ríːdʒənl] | 形 地域の、地方の；局地的な |
| 1272 □□ | **worldwide** [wə́ːrldwáid] | 形 世界的な、世界中の |

Q318 の答え ㋒

# Q319

㋐ **utilize**

㋑ **analyze**

㋒ **make use of**

㋓ **use**

▶ 意味と発音を確認しよう

|  |  |  |
|---|---|---|
| 1273 □□ | **utilize** [jú:təlàiz] | 動 利用する、活用する |
| 1274 □□ | **analyze** [ǽnəlàiz] | 動 分析する |
| 1275 □□ | **make use of** [méik jú:z əv] | 動 利用する、使う |
| 1276 □□ | **use** [jú:z] | 動 使う、用いる |

# Q320

㋐ **classification**

㋑ **sort**

㋒ **section**

㋓ **phenomenon**

▶ 意味と発音を確認しよう

| | | |
|---|---|---|
| 1277 □□ | **classification** [klæsəfikéiʃən] | 名 分類、区分、等級分け |
| 1278 □□ | **sort** [sɔ́:rt] | 名 種類、分類 |
| 1279 □□ | **section** [sékʃən] | 名 区分、区画 |
| 1280 □□ | **phenomenon** [finámənàn] | 名 現象<br>注 複数形は phenomena |

Q320 の答え ㋓

# Q321

㋐ **wheel**

㋑ **engine**

㋒ **motor**

㋓ **souvenir**

▶ 意味と発音を確認しよう

| | | |
|---|---|---|
| 1281 □□ | **wheel** [*h*wíːl] | 名 車輪 |
| 1282 □□ | **engine** [éndʒin] | 名 エンジン；動力源 |
| 1283 □□ | **motor** [móutə*r*] | 名 発動機、モーター |
| 1284 □□ | **souvenir** [sùːvəníə*r*] | 名 形見、記念、土産 |

# Q322

㋐ exception

㋑ extinction

㋒ dinosaur

㋓ fossil

▶ 意味と発音を確認しよう

| | | |
|---|---|---|
| 1285 □□ | **exception** [iksépʃən] | 名 例外；除外 |
| 1286 □□ | **extinction** [ikstíŋkʃən] | 名 絶滅；消灯 |
| 1287 □□ | **dinosaur** [dáinəsɔ̀ːr] | 名 恐竜；大きすぎて時代遅れのもの |
| 1288 □□ | **fossil** [fɑ́səl] | 名 化石；時代遅れのもの |

# Q323

㋐ prediction

㋑ pregnancy

㋒ parenting

㋓ nurse

▶ 意味と発音を確認しよう

| | | |
|---|---|---|
| 1289 □□ | **prediction** [pridíkʃən] | 名 予想、予測、予言 |
| 1290 □□ | **pregnancy** [prégnənsi] | 名 妊娠 |
| 1291 □□ | **parenting** [péərəntiŋ] | 名 育児、子育て |
| 1292 □□ | **nurse** [nə́ːrs] | 名 看護士；保育士；授乳 |

# Q324

㋐ **push**

㋑ **drive**

㋒ **deprive**

㋓ **press**

▶ 意味と発音を確認しよう

| | | |
|---|---|---|
| 1293 □□ | **push** [púʃ] | 動 押す、押し進める、強いる、せかす、圧迫する |
| 1294 □□ | **drive** [dráiv] | 動 駆り立てる；運転する |
| 1295 □□ | **deprive** [dipráiv] | 動 奪う<br>注 deprive A of B「AからBを奪う」 |
| 1296 □□ | **press** [prés] | 動 押す、押しつぶす、強いる、強調する |

Q324の答え ㋒

# Q325

㋐ **destroy**

㋑ **smash**

㋒ **ruin**

㋓ **manufacture**

▶ 意味と発音を確認しよう

| | | |
|---|---|---|
| 1297 □□ | **destroy** [distrɔ́i] | 動 破壊する、台無しにする |
| 1298 □□ | **smash** [smǽʃ] | 動 打ち壊す、打ち砕く、投げつける；粉々になる |
| 1299 □□ | **ruin** [rúːin] | 動 破滅させる、荒廃させる、台無しにする |
| 1300 □□ | **manufacture** [mæ̀njufǽktʃər] | 動 製造する |

# Q326

㋐ **cure**

㋑ **compare**

㋒ **treat**

㋓ **heal**

▶ 意味と発音を確認しよう

|  |  |  |
| --- | --- | --- |
| 1301 □□ | **cure** [kjúər] | 動 治療する、治す |
| 1302 □□ | **compare** [kəmpέər] | 動 比較する、たとえる |
| 1303 □□ | **treat** [tríːt] | 動 扱う；みなす；治療する、手当てする |
| 1304 □□ | **heal** [híːl] | 動 癒やす；治る、回復する |

# Q327

㋐ **reduce**

㋑ **reuse**

㋒ **recycle**

㋓ **throw away**

▶ 意味と発音を確認しよう

|  |  |  |
|---|---|---|
| 1305 □□ | **reduce** [ridjú:s] | 動 減らす；減少する |
| 1306 □□ | **reuse** [rì:jú:z] | 動 再利用する |
| 1307 □□ | **recycle** [rì:sáikl] | 動 再生利用する<br>注 Refuse, Reduce, Reuse, Recycle + Rot =zero waste |
| 1308 □□ | **throw away** [θróu əwéi] | 動 捨てる |

# Q328

㋐ **run**

㋑ **manage**

㋒ **operate**

㋓ **ship**

▶ 意味と発音を確認しよう

|  |  |  |
|---|---|---|
| 1309 □□ | **run** [rʌ́n] | 動 走る；(機械などが) 動く；立候補する；経営する |
| 1310 □□ | **manage** [mǽnidʒ] | 動 経営する、管理・運営する |
| 1311 □□ | **operate** [ɑ́pərèit] | 動 操作する；管理する；手術する |
| 1312 □□ | **ship** [ʃíp] | 動 出荷・発送する |

Q328の答え ㋓

# Q329

㋐ **confuse**

㋑ **distinguish**

㋒ **mistake**

㋓ **mix**

▶ 意味と発音を確認しよう

|  |  |  |
|---|---|---|
| 1313 □□ | **confuse** [kənfjúːz] | 動 困惑させる；混同する |
| 1314 □□ | **distinguish** [distíŋgwiʃ] | 動 区別する、識別する、見分ける |
| 1315 □□ | **mistake** [mistéik] | 動 誤解する、取り違える、間違える |
| 1316 □□ | **mix** [míks] | 動 混ぜる、結び付ける |



Q329の答え ㋑

# Q330

㋐ arise

㋑ amaze

㋒ surprise

㋓ shock

▶ 意味と発音を確認しよう

| | | |
|---|---|---|
| 1317 □□ | **arise** [əráiz] | 動 立ち上がる、起き上がる；現れる、発生する |
| 1318 □□ | **amaze** [əméiz] | 動 驚かせる |
| 1319 □□ | **surprise** [sərpráiz] | 動 驚かせる |
| 1320 □□ | **shock** [ʃák] | 動 衝撃・ショックを与える |

Q330の答え ㋐

# Q331

㋐ **solar**

㋑ **similar**

㋒ **alike**

㋓ **equivalent**

▶ 意味と発音を確認しよう

| | | |
|---|---|---|
| 1321 □□ | **solar** [sóulər] | 形 太陽の<br>注 solar power「太陽光発電」 |
| 1322 □□ | **similar** [símələr] | 形 似ている、同様の、相似の |
| 1323 □□ | **alike** [əláik] | 形 似ている<br>⇔ unlike「似ていない、異なった」 |
| 1324 □□ | **equivalent** [ikwívələnt] | 形 同等の、等価の、～に相当する |

# Q332

㋐ **reason**

㋑ **sense**

㋒ **logic**

㋓ **traffic**

▶ 意味と発音を確認しよう

| | | |
|---|---|---|
| 1325 □□ | **reason** [ríːzn] | 名 理由；理性、分別、正気 |
| 1326 □□ | **sense** [séns] | 名 感覚、意識；判断力、分別、正気、良識 |
| 1327 □□ | **logic** [lɑ́dʒik] | 名 論理学；論理、理屈 |
| 1328 □□ | **traffic** [trǽfik] | 名 交通、交通機関、交通量；取引 |

Q332の答え ㋓

# Q333

㋐ fiber

㋑ mixture

㋒ string

㋓ thread

▶ 意味と発音を確認しよう

| | | |
|---|---|---|
| 1329 □□ | **fiber** [fáibər] | 名 繊維 |
| 1330 □□ | **mixture** [míkstʃər] | 名 混合、混合物 |
| 1331 □□ | **string** [stríŋ] | 名 ひも；弦；ひも・糸に通したもの |
| 1332 □□ | **thread** [θréd] | 名 糸；（ネット掲示板の）一つの話題への投稿の連なり |

# Q334

㋐ flexible

㋑ available

㋒ convenient

㋓ at hand

▶ 意味と発音を確認しよう

| | | |
|---|---|---|
| 1333 □□ | **flexible** [fléksəbl] | 形 しなやかな、柔軟な、融通の利く |
| 1334 □□ | **available** [əvéiləbl] | 形 使用できる、入手できる、有効な |
| 1335 □□ | **convenient** [kənví:njənt] | 形 都合のよい、近くて便がよい |
| 1336 □□ | **at hand** [ət hǽnd] | 形 手元にある、身近な、目下の |

# Q335

㋐ bottom

㋑ basement

㋒ discovery

㋓ foundation

▶ 意味と発音を確認しよう

| | | |
|---|---|---|
| 1337 □□ | **bottom** [bátəm] | 名 底、根底、基礎；最下位 |
| 1338 □□ | **basement** [béismənt] | 名 地下室、最下部 |
| 1339 □□ | **discovery** [diskʌ́vəri] | 名 発見 |
| 1340 □□ | **foundation** [faundéiʃən] | 名 創立、設立；基金、財団；土台、基礎；根拠 |

# Q336

㋐ **vitality**

㋑ **vocabulary**

㋒ **energy**

㋓ **animation**

▶ 意味と発音を確認しよう

| | | |
|---|---|---|
| 1341 □□ | **vitality** [vaitǽləti] | 名 生命力、活力、元気 |
| 1342 □□ | **vocabulary** [voukǽbjulèri, və-] | 名 語彙、用語集 |
| 1343 □□ | **energy** [énərdʒi] | 名 力、勢い、元気、エネルギー |
| 1344 □□ | **animation** [ænəméiʃən] | 名 元気、活発；アニメ |

Q336 の答え ㋑

# Q337

㋐ **amazing**

㋑ **thrilling**

㋒ **enthusiastic**

㋓ **dull**

▶ 意味と発音を確認しよう

|  |  |  |
|---|---|---|
| 1345 □□ | **amazing** [əméiziŋ] | 形 驚くべき |
| 1346 □□ | **thrilling** [θríliŋ] | 形 ぞくぞくさせる、スリル満点の |
| 1347 □□ | **enthusiastic** [inθùːziǽstik] | 形 熱心な、やる気のある |
| 1348 □□ | **dull** [dʌ́l] | 形 鈍い、鈍感な；不活発な、不振の、さえない、面白くない |

# Q338

㋐ **help**

㋑ **save**

㋒ **rescue**

㋓ **due**

▶ 意味と発音を確認しよう

| | | |
|---|---|---|
| 1349<br>□□ | **help**<br>[hélp] | 動 助ける、救う、手伝う |
| 1350<br>□□ | **save**<br>[séiv] | 動 救う；貯蓄する、節約する；（〜する手間・苦労を）省く |
| 1351<br>□□ | **rescue**<br>[réskju:] | 動 救う、救助する |
| 1352<br>□□ | **due**<br>[djú:] | 形 満期の；当然の；予定日の、提出期限の |

Q338 の答え ㋓

# Q339

㋐ **capacity**

㋑ **nation**

㋒ **citizen**

㋓ **resident**

▶ 意味と発音を確認しよう

| | | |
|---|---|---|
| 1353 □□ | **capacity** [kəpǽsəti] | 名 収容力、容量；力量 |
| 1354 □□ | **nation** [néiʃən] | 名 国民、国家 |
| 1355 □□ | **citizen** [sítəzən] | 名 市民、国民、住民 |
| 1356 □□ | **resident** [rézidənt] | 名 居住者 |



Q339の答え ㋐

# Q340

㋐ **method**

㋑ **technique**

㋒ **tension**

㋓ **routine**

▶ 意味と発音を確認しよう

| | | |
|---|---|---|
| 1357 □□ | **method** [méθəd] | 名 方法、方式、一定の順序 |
| 1358 □□ | **technique** [tekníːk] | 名 技術、技法、こつ |
| 1359 □□ | **tension** [ténʃən] | 名 緊張、緊張状態；張力 |
| 1360 □□ | **routine** [ruːtíːn] | 名 決まった作業・業務・仕事、手順、慣例 |

Q340の答え ㋒

# Q341

㋐ situation

㋑ explosion

㋒ position

㋓ circumstance

▶ 意味と発音を確認しよう

| | | |
|---|---|---|
| 1361 □□ | **situation** [sìtʃuéiʃən] | 名 状況、立場、情勢；位置、場所 |
| 1362 □□ | **explosion** [iksplóuʒən] | 名 爆発；爆発的増加 |
| 1363 □□ | **position** [pəzíʃən] | 名 位置、場所；立場、地位 |
| 1364 □□ | **circumstance** [sə́ːrkəmstæ̀ns] | 名 状況、環境、境遇 |



Q341 の答え ㋑

# Q342

㋐ **tax**

㋑ **insurance**

㋒ **influence**

㋓ **pension**

▶ 意味と発音を確認しよう

| | | |
|---|---|---|
| 1365 □□ | **tax** [tǽks] | 名 税、税金 |
| 1366 □□ | **insurance** [inʃúərəns] | 名 保険、保険金 |
| 1367 □□ | **influence** [ínfluəns] | 名 影響 |
| 1368 □□ | **pension** [pénʃən] | 名 年金、恩給 |

Q342の答え ㋒

# Q343

㋐ blame

㋑ accuse

㋒ occur

㋓ criticize

▶ 意味と発音を確認しよう

| | | |
|---|---|---|
| 1369 □□ | **blame** [bléim] | 動 非難する、責める；～のせいにする |
| 1370 □□ | **accuse** [əkjúːz] | 動 告発する、非難する、責める |
| 1371 □□ | **occur** [əkə́ːr] | 動 起こる、発生する |
| 1372 □□ | **criticize** [krítəsàiz] | 動 批評する、非難する |



Q343の答え ㋒

# Q344

㋐ agent

㋑ minister

㋒ negotiator

㋓ gallery

▶ 意味と発音を確認しよう

| | | |
|---|---|---|
| 1373 □□ | **agent** [éidʒənt] | 名 代理人；諜報員；媒介；動作主 |
| 1374 □□ | **minister** [mínəstər] | 名 大臣、使節、代理人 |
| 1375 □□ | **negotiator** [nigóuʃièitər] | 名 交渉者、対話の相手 |
| 1376 □□ | **gallery** [gǽləri] | 名 画廊、美術館 |

Q344 の答え ㋓

# Q345

㋐ poverty

㋑ millionaire

㋒ cash

㋓ fortune

▶ 意味と発音を確認しよう

| | | |
|---|---|---|
| 1377 □□ | **poverty** [pάvərti] | 名 貧乏、貧困；欠如 |
| 1378 □□ | **millionaire** [mìljənέər] | 名 百万長者、富豪<br>注 billionaire「億万長者、大富豪」 |
| 1379 □□ | **cash** [kǽʃ] | 名 現金 |
| 1380 □□ | **fortune** [fɔ́:rtʃən] | 名 運、運命、幸運；富、大金 |

# Q346

㋐ downtown

㋑ skeleton

㋒ satellite

㋓ suburb

▶ 意味と発音を確認しよう

| | | |
|---|---|---|
| 1381 □□ | **downtown** [dáuntáun] | 名 繁華街 |
| 1382 □□ | **skeleton** [skélətn] | 名 骨格、骸骨；概略 |
| 1383 □□ | **satellite** [sǽtəlàit] | 名 衛星、人工衛星；近郊、衛星都市 |
| 1384 □□ | **suburb** [sʌ́bəːrb] | 名 郊外、周辺部 |

Q346の答え ㋑

# Q347

㋐ **church**

㋑ **shrine**

㋒ **temple**

㋓ **temperature**

▶ 意味と発音を確認しよう

| | | |
|---|---|---|
| 1385 □□ | **church** [tʃə́:rtʃ] | 名 教会 |
| 1386 □□ | **shrine** [ʃráin] | 名 聖堂、霊廟、神社 |
| 1387 □□ | **temple** [témpl] | 名 寺、寺院、神殿、聖堂 |
| 1388 □□ | **temperature** [témpərətʃər] | 名 温度、気温、体温 |

# Q348

㋐ **container**

㋑ **engineer**

㋒ **mechanic**

㋓ **technician**

▶ 意味と発音を確認しよう

|  |  |  |
| --- | --- | --- |
| 1389 □□ | **container** [kəntéinər] | 名 容器、コンテナ |
| 1390 □□ | **engineer** [èndʒiníər] | 名 技術者、技師 |
| 1391 □□ | **mechanic** [mikǽnik] | 名 機械工、修理工、整備工 |
| 1392 □□ | **technician** [tekníʃən] | 名 専門家、技術者；実験助手 |

# Q349

㋐ **kettle**

㋑ **rattle**

㋒ **pot**

㋓ **pan**

▶ 意味と発音を確認しよう

| | | |
|---|---|---|
| 1393 □□ | **kettle** [kétl] | 名 やかん |
| 1394 □□ | **rattle** [rǽtl] | 動 がらがら鳴る；混乱させる |
| 1395 □□ | **pot** [pát] | 名 つぼ、鉢、かめ、ポット |
| 1396 □□ | **pan** [pǽn] | 名 平鍋 |

# Q350

㋐ **client**

㋑ **customer**

㋒ **guideline**

㋓ **guest**

▶ 意味と発音を確認しよう

|  |  |  |
| --- | --- | --- |
| 1397 □□ | **client** [kláiənt] | 名 依頼人、顧客 |
| 1398 □□ | **customer** [kʌ́stəmər] | 名 顧客、常連 |
| 1399 □□ | **guideline** [gáidlàin] | 名 指針、運用基準；なぞり書きの線 |
| 1400 □□ | **guest** [gést] | 名 客、招待客、（番組の）ゲスト |

Q350 の答え ㋒

# Q351

㋐ **actress**

㋑ **female**

㋒ **gene**

㋓ **queen**

▶ 意味と発音を確認しよう

| | | |
|---|---|---|
| 1401 □□ | **actress** [ǽktris] | 名 女優 |
| 1402 □□ | **female** [fíːmeil] | 名 女性；雌<br>注 形容詞で「女性の」「雌の」。 |
| 1403 □□ | **gene** [dʒíːn] | 名 遺伝子 |
| 1404 □□ | **queen** [kwíːn] | 名 女王 |

# Q352

㋐ **persuade**

㋑ **pleasant**

㋒ **delightful**

㋓ **attractive**

▶ 意味と発音を確認しよう

|  |  |  |
|---|---|---|
| 1405 □□ | **persuade** [pərswéid] | 動 説得する、説得して～させる |
| 1406 □□ | **pleasant** [plézənt] | 形 愉快な、楽しい、気持ちのよい |
| 1407 □□ | **delightful** [diláitfəl] | 形 とてもうれしい、楽しい |
| 1408 □□ | **attractive** [ətræktiv] | 形 魅力的な、楽しい<br>注 attract「ひきつける」 |

# Q353

㋐ **willing**

㋑ **unwilling**

㋒ **shy**

㋓ **reluctant**

▶ 意味と発音を確認しよう

| | | |
|---|---|---|
| 1409 □□ | **willing** [wíliŋ] | 形 喜んで～する |
| 1410 □□ | **unwilling** [ʌ̀nwíliŋ] | 形 ～する気にならない、不本意の |
| 1411 □□ | **shy** [ʃái] | 形 内気な、恥ずかしがる；用心して～しない |
| 1412 □□ | **reluctant** [rilʌ́ktənt] | 形 ～したくない、気が進まない |

# Q354

㋐ **account**

㋑ **consideration**

㋒ **regard**

㋓ **award**

▶ 意味と発音を確認しよう

|  |  |  |
| --- | --- | --- |
| 1413 □□ | **account** [əkáunt] | 名 計算；口座；報告、説明；解釈、考慮 |
| 1414 □□ | **consideration** [kənsìdəréiʃən] | 名 熟慮、考慮 |
| 1415 □□ | **regard** [rigɑ́ːrd] | 名 敬意；配慮、考慮；関連<br>注 動詞で「～とみなす」。 |
| 1416 □□ | **award** [əwɔ́ːrd] | 名 賞<br>注 動詞で「賞を与える」。 |

# Q355

㋐ **concern**

㋑ **anxiety**

㋒ **worry**

㋓ **summary**

▶ 意味と発音を確認しよう

| | | |
|---|---|---|
| 1417 □□ | **concern** [kənsə́ːrn] | 名 懸念、心配<br>注 動詞で「心配させる」「関係している」。 |
| 1418 □□ | **anxiety** [æŋzáiəti] | 名 心配、不安 |
| 1419 □□ | **worry** [wə́ːri] | 名 心配<br>注 動詞で「心配する」。 |
| 1420 □□ | **summary** [sʌ́məri] | 名 要約、概要 |

# Q356

㋐ factor

㋑ sponsor

㋒ supporter

㋓ patron

▶ 意味と発音を確認しよう

| | | |
|---|---|---|
| 1421 □□ | **factor** [fǽktər] | 名 要素、要因 |
| 1422 □□ | **sponsor** [spάnsər] | 名 後援者、広告主 |
| 1423 □□ | **supporter** [səpɔ́ːrtər] | 名 支持者、応援してくれる人 |
| 1424 □□ | **patron** [péitrən] | 名 後援者、支援者、保護者；常連 |

| Q356の答え ㋐ |

# Q357

㋐ **extinct**

㋑ **alive**

㋒ **active**

㋓ **living**

▶ 意味と発音を確認しよう

| | | |
|---|---|---|
| 1425 □□ | **extinct** [ikstíŋkt] | 形 絶滅した；廃れた |
| 1426 □□ | **alive** [əláiv] | 形 生きたままで、元気があって |
| 1427 □□ | **active** [ǽktiv] | 形 活発な、積極的な、活動中の |
| 1428 □□ | **living** [líviŋ] | 形 生きている、現存の、存命の；活気のある |



Q357の答え ㋐

# Q358

㋐ **individual**

㋑ **character**

㋒ **border**

㋓ **figure**

▶ 意味と発音を確認しよう

| | | |
|---|---|---|
| 1429 □□ | **individual** [ìndəvídʒuəl] | 名 個人、人、個体<br>注 形容詞で「個々の」「個人の」。 |
| 1430 □□ | **character** [kǽriktər] | 名 個性、特徴、性格；登場人物、人、個性の強い人 |
| 1431 □□ | **border** [bɔ́:rdər] | 名 へり、縁；境界、国境 |
| 1432 □□ | **figure** [fígjər] | 名 数字；形；人の姿；人物；図案 |

# Q359

㋐ **prove**

㋑ **harm**

㋒ **demonstrate**

㋓ **verify**

▶ 意味と発音を確認しよう

| | | |
|---|---|---|
| 1433 □□ | **prove** [prúːv] | 動 証明する、(製品などを) 試す・分析する |
| 1434 □□ | **harm** [hɑ́ːrm] | 動 傷つける、害する、損なう |
| 1435 □□ | **demonstrate** [démənstrèit] | 動 証明する、実地で説明する、実物で宣伝する |
| 1436 □□ | **verify** [vérəfài] | 動 実証する、立証する、裏付ける |

# Q360

㋐ **property**

㋑ **properly**

㋒ **land**

㋓ **estate**

▶ 意味と発音を確認しよう

| | | |
|---|---|---|
| 1437 □□ | **property** [prápərti] | 名 財産、資産、所有地 |
| 1438 □□ | **properly** [prápərli] | 副 正しく、適当に、きちんと |
| 1439 □□ | **land** [lǽnd] | 名 陸；土地、所有地 |
| 1440 □□ | **estate** [istéit] | 名 地所、土地、屋敷 |

Q360 の答え ㋑

# Q361

㋐ **own**

㋑ **hold**

㋒ **possess**

㋓ **process**

▶ 意味と発音を確認しよう

| | | |
|---|---|---|
| 1441 □□ | **own** [óun] | 動 所有する<br>注 形容詞で「自分自身の」。 |
| 1442 □□ | **hold** [hóuld] | 動 持つ、保つ；耐える、持ちこたえる |
| 1443 □□ | **possess** [pəzés] | 動 持つ、所有する |
| 1444 □□ | **process** [práses] | 動 過程、方法、手順、変遷 |

# Q362

㋐ **owe**

㋑ **sue**

㋒ **accuse**

㋓ **appeal**

▶ 意味と発音を確認しよう

| | | |
|---|---|---|
| 1445 □□ | **owe** [óu] | 動 ～に借りがある、～を負っている；～のおかげだ |
| 1446 □□ | **sue** [súː] | 動 訴える、訴訟を起こす |
| 1447 □□ | **accuse** [əkjúːz] | 動 告発する、非難する、責める |
| 1448 □□ | **appeal** [əpíːl] | 動 訴える、抗議する |

# Q363

㋐ **confirm**

㋑ **firm**

㋒ **corporation**

㋓ **company**

▶ 意味と発音を確認しよう

|  |  |  |
|---|---|---|
| 1449 □□ | **confirm** [kənfə́ːrm] | 動 確かめる、強める |
| 1450 □□ | **firm** [fə́ːrm] | 名 会社、企業<br>注 形容詞 firm「堅い、安定した」と同じスペル。 |
| 1451 □□ | **corporation** [kɔ̀ːrpəréiʃən] | 名 法人、会社 |
| 1452 □□ | **company** [kʌ́mpəni] | 名 仲間；一座；会社、商会 |

# Q364

㋐ **tan**

㋑ **scan**

㋒ **suntan**

㋓ **sunburn**

▶ 意味と発音を確認しよう

| | | |
|---|---|---|
| 1453 □□ | **tan** [tǽn] | 名 日焼けの色 |
| 1454 □□ | **scan** [skǽn] | 動 細かく調べる；スキャンする |
| 1455 □□ | **suntan** [sʌ́ntæ̀n] | 名 日焼け |
| 1456 □□ | **sunburn** [sʌ́nbə̀ːrn] | 名 日焼け |

Q364 の答え ㋑

# Q365

㋐ **employ**

㋑ **hire**

㋒ **lay off**

㋓ **recruit**

▶ 意味と発音を確認しよう

|  |  |  |
|---|---|---|
| 1457 □□ | **employ** [implɔ́i] | 動 雇う |
| 1458 □□ | **hire** [háiə*r*] | 動 雇う |
| 1459 □□ | **lay off** [léi ɔ́:f] | 動 一時解雇する、帰休させる |
| 1460 □□ | **recruit** [rikrú:t] | 動 新人を入れる、採用する、雇う |

# Q366

㋐ **false**

㋑ **wrong**

㋒ **mock**

㋓ **face**

▶ 意味と発音を確認しよう

| | | |
|---|---|---|
| 1461 □□ | **false** [fɔ́:ls] | 形 間違った、不正確な、虚偽の |
| 1462 □□ | **wrong** [rɔ́:ŋ] | 形 悪い、間違った |
| 1463 □□ | **mock** [mák] | 形 偽の、模擬の<br>注 動詞で「あざける、ばかにする」。 |
| 1464 □□ | **face** [féis] | 名 顔<br>注 動詞で「直面する」。 |

Q366 の答え ㋓

# Q367

㋐ **fact**

㋑ **truth**

㋒ **reality**

㋓ **fiction**

▶ 意味と発音を確認しよう

|  |  |  |
|---|---|---|
| 1465 □□ | **fact** [fǽkt] | 名 事実 |
| 1466 □□ | **truth** [trúːθ] | 名 真実、真相 |
| 1467 □□ | **reality** [riǽləti] | 名 現実、現実のもの；実体；現実感 |
| 1468 □□ | **fiction** [fíkʃən] | 名 小説、作り話 |

# Q368

㋐ sincerely

㋑ strictly

㋒ exactly

㋓ precisely

▶ 意味と発音を確認しよう

| | | |
|---|---|---|
| 1469 □□ | **sincerely** [sinsíərli] | 副 心から |
| 1470 □□ | **strictly** [stríktli] | 副 厳密に |
| 1471 □□ | **exactly** [igzǽktli] | 副 正確に、厳密に |
| 1472 □□ | **precisely** [prisáisli] | 副 正確に、その通り |

# Q369

㋐ **exceed**

㋑ **restrict**

㋒ **extend**

㋓ **broaden**

▶ 意味と発音を確認しよう

|  |  |  |
|---|---|---|
| 1473 □□ | **exceed** [iksíːd] | 動 上回る、～を越えていく |
| 1474 □□ | **restrict** [ristríkt] | 動 制限する、禁止する |
| 1475 □□ | **extend** [iksténd] | 動 伸ばす、広げる、拡大する；伸びる、広がる |
| 1476 □□ | **broaden** [brɔ́ːdn] | 動 広げる；広がる |

# Q370

㋐ relate

㋑ correlate

㋒ satisfy

㋓ identify

▶ 意味と発音を確認しよう

| | | |
|---|---|---|
| 1477 □□ | **relate** [riléit] | 動 関連付ける、物語る；共感できる |
| 1478 □□ | **correlate** [kɔ́ːrəlèit] | 動 関係する、相関する |
| 1479 □□ | **satisfy** [sǽtisfài] | 動 満足させる；(要求されたものに) 応じる・達する |
| 1480 □□ | **identify** [aidéntəfài] | 動 身元・正体を明らかにする；同一視する、結び付ける；一体感を持つ |

# Q371

㋐ ignorant

㋑ merchant

㋒ businessman

㋓ trader

▶ 意味と発音を確認しよう

| | | |
|---|---|---|
| 1481 □□ | **ignorant** [ígnərənt] | 形 無知の、～を知らない |
| 1482 □□ | **merchant** [mə́ːrtʃənt] | 名 商人 |
| 1483 □□ | **businessman** [bíznismæ̀n] | 名 実業家 |
| 1484 □□ | **trader** [tréidər] | 名 貿易業者、商人；投機家 |

# Q372

㋐ **valley**

㋑ **waterfall**

㋒ **cliff**

㋓ **vary**

▶ 意味と発音を確認しよう

| | | |
|---|---|---|
| 1485 □□ | **valley** [vǽli] | 名 谷、渓谷 |
| 1486 □□ | **waterfall** [wɔ́ːtərfɔ̀ːl] | 名 滝 |
| 1487 □□ | **cliff** [klíf] | 名 崖、絶壁 |
| 1488 □□ | **vary** [vέəri] | 動 変わる、異なる、さまざまである<br>注 various「さまざまな、いろいろな」 |

Q372 の答え ㋓

# Q373

㋐ **vary**

㋑ **marry**

㋒ **differ**

㋓ **disagree**

▶ 意味と発音を確認しよう

| | | |
|---|---|---|
| 1489 □□ | **vary** [vέəri] | 動 変わる、異なる、さまざまである |
| 1490 □□ | **marry** [mǽri] | 動 ～と結婚する |
| 1491 □□ | **differ** [dífər] | 動 異なる；意見が合わない |
| 1492 □□ | **disagree** [dìsəgríː] | 動 反対する、異議を唱える；一致しない、異なる |

# Q374

㋐ affect

㋑ suppress

㋒ access

㋓ strike

▶ 意味と発音を確認しよう

| | | |
|---|---|---|
| 1493 □□ | **affect** [əfékt] | 動 影響を及ぼす、作用する<br>注 effect「効果、影響」 |
| 1494 □□ | **suppress** [səprés] | 動 抑圧する、抑制する |
| 1495 □□ | **access** [ǽkses] | 動 接近する、入手する<br>注 名詞で「接近」「入手」「通路」。 |
| 1496 □□ | **strike** [stráik] | 動 打つ、たたく；攻撃する、圧倒する |

Q374 の答え ㋒

# Q375

㋐ predict

㋑ warn

㋒ caution

㋓ transportation

▶ 意味と発音を確認しよう

| | | |
|---|---|---|
| 1497 □□ | **predict** [pridíkt] | 動 予想する、予測する |
| 1498 □□ | **warn** [wɔ́ːrn] | 動 警告する、予告・通告する |
| 1499 □□ | **caution** [kɔ́ːʃən] | 動 警告する、勧告する |
| 1500 □□ | **transportation** [trænspərtéiʃən] | 名 運送、輸送、交通機関 |

# Q376

ア transfer

イ prefer

ウ spread

エ communicate

▶ 意味と発音を確認しよう

| | | |
|---|---|---|
| 1501<br>□□ | **transfer**<br>[trænsfə́:r] | 動 移す、伝える；乗り換える；転送する |
| 1502<br>□□ | **prefer**<br>[prifə́:r] | 動 好む<br>注 prefer A to B「B より A の方が好きだ」 |
| 1503<br>□□ | **spread**<br>[spréd] | 動 広げる；(病気を) まん延させる；(ニュースなどを) 広める |
| 1504<br>□□ | **communicate**<br>[kəmjú:nəkèit] | 動 伝える、知らせる；感染させる |

# Q377

㋐ nearly

㋑ almost

㋒ more or less

㋓ as well

▶ 意味と発音を確認しよう

| | | |
|---|---|---|
| 1505 □□ | **nearly** [níərli] | 副 ほぼ、もう少しで、危うく |
| 1506 □□ | **almost** [ɔ́:lmoust] | 副 ほとんど、ほぼ、もう少しで、 |
| 1507 □□ | **more or less** [mɔ́:*r* ə*r* lés] | 副 多かれ少なかれ；おおよそ、ほぼ |
| 1508 □□ | **as well** [əz wél] | 副 ～も、～も同様に |

# Q378

㋐ **approach**

㋑ **arrange**

㋒ **lay out**

㋓ **organize**

▶ 意味と発音を確認しよう

| | | |
|---|---|---|
| 1509 □□ | **approach** [əpróutʃ] | 動 近づく |
| 1510 □□ | **arrange** [əréindʒ] | 動 整える、配列する、手はずを整える；編曲する |
| 1511 □□ | **lay out** [léi áut] | 動 配置する、広げる |
| 1512 □□ | **organize** [ɔ́ːrgənàiz] | 動 作り上げる、系統立てる；配置する；計画・準備する |

Q378 の答え ㋐

# Q379

㋐ impress

㋑ appear

㋒ seem

㋓ look

▶ 意味と発音を確認しよう

| | | |
|---|---|---|
| 1513 □□ | **impress** [imprés] | 動 印象付ける；押し付ける |
| 1514 □□ | **appear** [əpíə*r*] | 動 現れる；～のように見える、～らしい |
| 1515 □□ | **seem** [síːm] | 動 ～のように見える、～らしい |
| 1516 □□ | **look** [lúk] | 動 ～のように見える、～らしい<br>注 look at「～を見る」 |

# Q380

㋐ abuse

㋑ applause

㋒ bully

㋓ harassment

▶ 意味と発音を確認しよう

| | | |
|---|---|---|
| 1517 □□ | **abuse** [əbjúːs] | 名 虐待；酷使、濫用<br>注 動詞で「虐待する」「濫用する」。 |
| 1518 □□ | **applause** [əplɔ́ːz] | 名 （拍手による）承認、称賛 |
| 1519 □□ | **bully** [búli] | 名 いじめっこ<br>注 bullying「いじめ」 |
| 1520 □□ | **harassment** [hərǽsmənt] | 名 嫌がらせ、迷惑行為 |

# Q381

㋐ healthy

㋑ sound

㋒ fit

㋓ invisible

▶ 意味と発音を確認しよう

| | | |
|---|---|---|
| 1521 □□ | **healthy** [hélθi] | 形 健康な、健全な |
| 1522 □□ | **sound** [sáund] | 形 健全な；しっかりした<br>㊟ 名詞「音」と同じスペル。 |
| 1523 □□ | **fit** [fít] | 形 ふさわしい；体調がよい |
| 1524 □□ | **invisible** [invízəbl] | 形 目に見えない<br>⇔ visible「見える、目立つ」 |

# Q382

㋐ **industry**

㋑ **wildlife**

㋒ **animal**

㋓ **creature**

▶ 意味と発音を確認しよう

|  |  |  |
|---|---|---|
| 1525 □□ | **industry** [índəstri] | 名 産業、工業 |
| 1526 □□ | **wildlife** [wáildlàif] | 名 野生動物 |
| 1527 □□ | **animal** [ǽnəməl] | 名 動物 |
| 1528 □□ | **creature** [kríːtʃər] | 名 生き物、動物、人間 |

Q382 の答え ㋐

# Q383

㋐ decide

㋑ make a decision

㋒ decorate

㋓ determine

▶ 意味と発音を確認しよう

|  |  |  |
|---|---|---|
| 1529 □□ | **decide** [disáid] | 動 決める、決定する |
| 1530 □□ | **make a decision** [méik ə disíʒən] | 動 決定する |
| 1531 □□ | **decorate** [dékərèit] | 動 装飾する、飾る |
| 1532 □□ | **determine** [ditə́ːrmin] | 動 決意する、決定する、確定する |

# Q384

㋐ **serve**

㋑ **preserve**

㋒ **work for**

㋓ **wait on**

▶ 意味と発音を確認しよう

| | | |
|---|---|---|
| 1533 □□ | **serve** [sə́ːrv] | 動 仕える、尽くす、奉仕する；客の注文・用を聞く |
| 1534 □□ | **preserve** [prizə́ːrv] | 動 保護する、保存する |
| 1535 □□ | **work for** [wə́ːrk fər] | 動 ～に勤めている；仕える |
| 1536 □□ | **wait on** [wéit ən] | 動 給仕する、接客する |

Q384 の答え ㋑

# Q385

㋐ cheap

㋑ economical

㋒ reasonable

㋓ noble

▶ 意味と発音を確認しよう

| | | |
|---|---|---|
| 1537 □□ | **cheap** [tʃíːp] | 形 安い；安っぽい |
| 1538 □□ | **economical** [ìːkənάmikəl] | 形 節約できる<br>注 economic「経済学の」「経済の」 |
| 1539 □□ | **reasonable** [ríːzənəbl] | 形 理性的な、筋の通った；手頃な値段の |
| 1540 □□ | **noble** [nóubl] | 形 高貴な、立派な |

# Q386

㋐ justice

㋑ niece

㋒ cousin

㋓ relative

▶ 意味と発音を確認しよう

| | | |
|---|---|---|
| 1541 □□ | **justice** [dʒʌ́stis] | 名 正義、当然の報い |
| 1542 □□ | **niece** [níːs] | 名 姪<br>⇔ nephew「甥」 |
| 1543 □□ | **cousin** [kʌ́zn] | 名 いとこ |
| 1544 □□ | **relative** [rélətiv] | 名 親類、身内 |

# Q387

㋐ **murder**

㋑ **killing**

㋒ **crime**

㋓ **forgive**

▶ 意味と発音を確認しよう

| | | |
|---|---|---|
| 1545 □□ | **murder** [mə́ːrdər] | 名 殺人<br>注 動詞で「殺す」。 |
| 1546 □□ | **killing** [kíliŋ] | 名 殺害 |
| 1547 □□ | **crime** [kráim] | 名 犯罪 |
| 1548 □□ | **forgive** [fərgív] | 動 許す |

# Q388

㋐ **deserve**

㋑ **reserve**

㋒ **put aside**

㋓ **book**

▶ 意味と発音を確認しよう

| | | |
|---|---|---|
| 1549 □□ | **deserve** [dizə́ːrv] | 動 ～に値する |
| 1550 □□ | **reserve** [rizə́ːrv] | 動 予約する；保留する、見合わせる；取っておく；遠慮する |
| 1551 □□ | **put aside** [pút əsáid] | 動 脇に置いておく、取っておく |
| 1552 □□ | **book** [búk] | 動 予約する |

Q388の答え ㋐

# Q389

㋐ flatten

㋑ flatter

㋒ compress

㋓ level

▶ 意味と発音を確認しよう

| | | |
|---|---|---|
| 1553 □□ | **flatten** [flǽtn] | 動 平らにする |
| 1554 □□ | **flatter** [flǽtər] | 動 褒める、おだてる |
| 1555 □□ | **compress** [kəmprés] | 動 圧縮する |
| 1556 □□ | **level** [lévəl] | 動 平らにする、ならす |

# Q390

㋐ casual

㋑ informal

㋒ formal

㋓ irregular

▶ 意味と発音を確認しよう

| | | |
|---|---|---|
| 1557 □□ | **casual** [kǽʒuəl] | 形 偶然の；くつろいだ、ちょっとした、略式の |
| 1558 □□ | **informal** [infɔ́ːrməl] | 形 形式ばらない、くだけた |
| 1559 □□ | **formal** [fɔ́ːrməl] | 形 正式の、形式ばった、よそいきの |
| 1560 □□ | **irregular** [irégjulər] | 形 不規則な、変則的な、規範に合わない |

Q390の答え ㋒

# Q391

㋐ chilly

㋑ frosty

㋒ cold

㋓ scold

▶ 意味と発音を確認しよう

| | | |
|---|---|---|
| 1561 □□ | **chilly** [tʃíli] | 形 ひんやりした |
| 1562 □□ | **frosty** [frɔ́:sti] | 形 霜の降りる、冷たい |
| 1563 □□ | **cold** [kóuld] | 形 寒い、冷たい、冷えた |
| 1564 □□ | **scold** [skóuld] | 動 しかる |

# Q392

㋐ note

㋑ memo

㋒ record

㋓ blade

▶ 意味と発音を確認しよう

| | | |
|---|---|---|
| 1565 □□ | **note** [nóut] | 名 覚え書き、備忘録、メモ |
| 1566 □□ | **memo** [mémou] | 名 覚え書き、備忘録、メモ<br>注 memorandum の省略形。 |
| 1567 □□ | **record** [rékərd] | 名 記録、資料 |
| 1568 □□ | **blade** [bléid] | 名 刀、刃物 |

Q392 の答え ㋓

# Q393

㋐ impact

㋑ implant

㋒ influence

㋓ effect

▶ 意味と発音を確認しよう

| | | |
|---|---|---|
| 1569 □□ | **impact** [ímpækt] | 名 衝撃、影響 |
| 1570 □□ | **implant** [implǽnt] | 動 埋め込む、植え付ける |
| 1571 □□ | **influence** [ínfluəns] | 名 影響 |
| 1572 □□ | **effect** [ifékt] | 名 効果、影響 |

# Q394

㋐ import

㋑ important

㋒ essential

㋓ significant

▶ 意味と発音を確認しよう

| | | |
|---|---|---|
| 1573 □□ | **import** [impɔ́ːrt] | 動 輸入する ⇔ export「輸出する」 |
| 1574 □□ | **important** [impɔ́ːrtənt] | 形 重要な |
| 1575 □□ | **essential** [isénʃəl] | 形 本質的な、極めて重要な、不可欠の |
| 1576 □□ | **significant** [signífikənt] | 形 重要な、意味のある |

Q394 の答え ㋐

# Q395

㋐ **throughout**

㋑ **through**

㋒ **though**

㋓ **over**

▶ 意味と発音を確認しよう

| | | |
|---|---|---|
| 1577 □□ | **throughout** [θru:áut] | 前 ～じゅう至る所に、くまなく；～の間じゅう・ずっと |
| 1578 □□ | **through** [θrú:] | 前 ～を通り抜けて、～を通じて・通して |
| 1579 □□ | **though** [ðóu] | 接 ～けれども<br>= although<br>注 thought「考え」、tough「強靭な」、thorough「徹底的な」 |
| 1580 □□ | **over** [óuvər] | 前 ～を越えて；～じゅう一面に；～の終わりまでずっと |

# Q396

㋐ publicity

㋑ advertisement

㋒ promotion

㋓ facility

▶ 意味と発音を確認しよう

| | | |
|---|---|---|
| 1581 □□ | **publicity** [pʌblísəti] | 名 宣伝、広報、知名度 |
| 1582 □□ | **advertisement** [ædvərtáizmənt] | 名 広告 |
| 1583 □□ | **promotion** [prəmóuʃən] | 名 昇進；広告、販売促進 |
| 1584 □□ | **facility** [fəsíləti] | 名 施設、設備 |

Q396 の答え ㋓

# Q397

㋐ decade

㋑ debate

㋒ century

㋓ fortnight

▶ 意味と発音を確認しよう

|  |  |  |
|---|---|---|
| 1585 □□ | **decade** [dékeid] | 名 十年間 |
| 1586 □□ | **debate** [dibéit] | 動 討論する<br>注 名詞で「討論会、ディベート」。 |
| 1587 □□ | **century** [séntʃəri] | 名 一世紀、百年<br>注 millennium「千年」 |
| 1588 □□ | **fortnight** [fɔ́ːrtnàit] | 名 二週間 |

# Q398

㋐ favor

㋑ flavor

㋒ seasoning

㋓ spice

▶ 意味と発音を確認しよう

| | | |
|---|---|---|
| 1589 □□ | **favor** [féivər] | 名 好意、親切<br>注 "Would you do me a favor?"「お願いしたいことがあるのですが」 |
| 1590 □□ | **flavor** [fléivər] | 名 味、風味 |
| 1591 □□ | **seasoning** [sí:zəniŋ] | 名 調味料、味付け |
| 1592 □□ | **spice** [spáis] | 名 香辛料、スパイス |

Q398 の答え ㋐

# Q399

㋐ **rent**

㋑ **cost**

㋒ **payment**

㋓ **storage**

▶ 意味と発音を確認しよう

| | | |
|---|---|---|
| 1593 □□ | **rent** [rént] | 名 家賃、レンタル料 |
| 1594 □□ | **cost** [kɔ́ːst] | 名 費用、出費<br>注 動詞で「(金額・時間・労力などが) かかる、要する」。 |
| 1595 □□ | **payment** [péimənt] | 名 支払い |
| 1596 □□ | **storage** [stɔ́ːridʒ] | 名 貯蔵、収納、倉庫 |

# Q400

㋐ occupation

㋑ profession

㋒ career

㋓ frontier

▶ 意味と発音を確認しよう

| | | |
|---|---|---|
| 1597 □□ | **occupation** [àkjupéiʃən] | 名 仕事、職業；占有、占領 |
| 1598 □□ | **profession** [prəféʃən] | 名 職業、専門職 |
| 1599 □□ | **career** [kəríər] | 名 経歴、職業、進路 |
| 1600 □□ | **frontier** [frʌntíər] | 名 国境、境界、新しい・未知の領域<br>注 この先も一緒にまだ見ぬ英語の世界へ進みましょう！ |

Q400 の答え ㋓

## まとめて覚えよう④　性別が関係する単語

| | |
|---|---|
| actor　俳優 | **actress**　女優 |
| **groom**　花婿 | **bride**　花嫁 |
| duke　公爵 | duchess　公爵夫人、公妃 |
| emperor　皇帝、天皇 | empress　皇后 |
| fiancé　婚約者 | fiancée　婚約者 |
| hero　英雄、主人公 | heroine　ヒロイン |
| host　(客をもてなす)主人、司会者 | hostess　主人、司会者 |
| husband　夫 | wife　妻 |
| king　王 | **queen**　女王 |
| male　男性、雄 | **female**　女性、雌 |
| masculine　男性の | feminine　女性の |
| master　主人 | mistress　女主人 |
| **nephew**　甥 | **niece**　姪 |
| prince　王子 | princess　王女 |
| son　息子 | daughter　娘 |
| uncle　おじ | aunt　おば |
| waiter　ウエーター | waitress　ウエートレス |

近年では、steward / stewardess から flight attendant「客室乗務員」へ、**businessman** / businesswoman から businessperson「実業家」へ、chairman から chairperson または chair「議長」へ言い換えるといったケースが出てきています。

# 索引

## T

●著者紹介


青柳璃乃　AOYAGI RINO

神奈川県生まれ。立教大学卒。東京大学大学院修士課程修了。イングランドの高校で日本語を教える。帰国後、専門学校、英会話学校等に勤務。現在は予備校で英語講師。著書に『英検®1級英単語1400　ODD ONE OUT』『英検®準1級英単語2000 ODD ONE OUT』（Jリサーチ出版）、『知的な人がよく使う英語の中の「外来語」』（クロスメディア・ランゲージ）。英検1級。



カバーデザイン　滝早苗
本文デザイン / DTP　秀文社
録音 / 編集　一般財団法人 英語教育協議会
ナレーション　Karen Haedrich
校正　翻訳工房くまざわ

英検®2級英単語1600 ODD ONE OUT

令和3年（2021年）12月10日　初版第1刷発行

著者　青柳璃乃
発行人　福田富与
発行所　有限会社Jリサーチ出版
〒166-0002　東京都杉並区高円寺北2-29-14-705
電　話　03(6808)8801㈹　FAX 03(5364)5310
編集部　03(6808)8806
https://www.jresearch.co.jp
印刷所　株式会社　シナノ パブリッシング プレス

ISBN 978-4-86392-537-3